D1693844

Bert Hellinger Der Friede beginnt in den Seelen

Bert Hellinger

Der Friede beginnt in den Seelen

*Das Familien-Stellen
im Dienst der Versöhnung*

Carl-Auer-Systeme Verlag

Carl-Auer-Systeme im Internet: **www.carl-auer.de**
Bitte fordern Sie unseren Gesamtprospekt an:

Carl-Auer-Systeme Verlag
Weberstraße 2
69120 Heidelberg

Über alle Rechte der deutschen Ausgabe verfügt Carl-Auer-Systeme
Verlag und Verlagsbuchhandlung GmbH, Heidelberg
Fotomechanische Wiedergabe nur mit Genehmigung des Verlages
Satz: Monika Hendlmeier und Hans-Joachim Reinecke, Regensburg
Diagramme: Bert Hellinger, erstellt mit FAMDraw
von Reinecke Expertensysteme GmbH, Regensburg, www.reinecke.de
Umschlaggestaltung: WSP Design, Heidelberg
Umschlagfoto: © Avraham Hay
Umschlagmotiv: »*Kikar Levana*«, Environment aus weißem Beton, Olivenbaum,
Rasen, Licht und Wind von Dani Karavan, Tel Aviv 1977–1988 (Detailansicht)
Druck und Bindung: Druckerei Kösel, Kempten, www.KoeselBuch.de
Printed in Germany

Erste Auflage, 2003
ISBN 3-89670-411-7

Bibliografische Information Der Deutschen Bibliothek:
Die Deutsche Bibliothek verzeichnet diese Publikation
in der Deutschen Nationalbibliografie;
detaillierte bibliografische Daten sind im Internet
über http://dnb.ddb.de abrufbar.

Inhalt

Einführung	9
Griechen und Deutsche	13
Bewegungen auf Frieden hin – Wege zur Versöhnung	13
Bericht über das Massaker deutscher Soldaten an den Einwohnern von Kalavryta	18
Die Versöhnung beginnt bei den Opfern	21
Nachtrag	28
Zwischenbetrachtung: Vergeben und Vergessen	29
Armenier und Türken – Christentum und Islam	32
Die Verstrickung	32
Was die Entzweiten wieder vereint	33
Der Einzelne und seine Gruppe	43
Die Befreiung	44
Meditation: Die Opfer der Christen – die Opfer der Mohammedaner	47
Griechen und Türken	48
Russland und Deutschland	50
Der Schmerz	50
Vortrag in Moskau	61
Was trennt und was versöhnt	61
Wissenschaftliche und phänomenologische Psychotherapie	61
»Ich bin eine Russin«	62
Geschichte: Zweierlei Wissen	64
Das Gewissen	66
Die verschiedenen Gewissen	67
Frieden in der Familie	68
Frieden zwischen den Völkern	69
Israelis und Palästinenser	69
Russen und Deutsche	71

Japan und die USA	73
Hiroshima	73
Was der Versöhnung zwischen Japan und den USA noch vorausgehen muss	80
Versöhnung in der Seele	89
Zwischenbetrachtung: Ordnungen des Helfens	100
Die Leiden der chinesischen Frauen	102
»Dafür bist du zu klein«	102
Die doppelte Verschiebung	104
»Bitte lächelt mich freundlich an«	109
Meditation	110
Die Grundlagen des Familien-Stellens	111
Der Einklang mit den Eltern	111
Das Eigene	112
Die Andacht	112
Der Einklang	113
Die Versöhnung	113
Täter und Opfer	113
Das kollektive Gewissen	115
Neue Wege	115
Der Seele trauen	117
Spanien und die Neue Welt	118
Die Eroberer und ihre Opfer	119
Zwischenbetrachtung: Die Seele	128
Beispiel: Verloren und gefunden	130
Zwischenbetrachtung: Einsicht durch Einklang	141
Die Inkas	143
Machu Picchu	143
Zwischenbetrachtung: Die Toten	147

Der Bürgerkrieg in Kolumbien	148
Die Schuld	148
Zwischenbetrachtung: Der Friede	156
Gewalt in der Dominikanischen Republik	158
Die Sklavenhändler	158
Zwischenbetrachtung: Die Zustimmung	167
Sklaven in Brasilien	169
»Durch euch wurden wir reich«	169
Zwischenbetrachtung: Lebende und Tote	178
Amerika und Afrika	179
Die Trauer	179
Zwischenbetrachtung: Wissen, das zur Versöhnung führt	193
Israel, die Palästinenser, Libanon, Deutschland	196
»Ich brauche Hilfe«	196
Die Große Seele	218
Nachbetrachtung: Karfreitag	220
Der Himmel auf Erden	222
Veröffentlichungen von und mit Bert Hellinger	224

Einführung

Frieden heißt:
– das, was sich vorher entgegenstand, findet zusammen;
– das, was sich vorher ausschloss, erkennt sich gegenseitig an;
– das, was sich vorher bekämpfte, verletzte, bekriegte und sich sogar vielleicht vernichten wollte, betrauert gemeinsam die Opfer beider Seiten und das Leid, das sie einander zugefügt haben.

Was bewirkt der Friede? Jene, die sich über die anderen erhoben haben und sie für minder oder feindlich erachteten, erkennen andere als gleichberechtigt an. Sie bestätigen sich gegenseitig das, was sie an Besonderem haben, nehmen voneinander und geben einander.

Der Frieden zwischen ihnen erweitert ihre persönlichen Grenzen, erlaubt ihnen innerhalb dieser Grenzen die Vielfalt und das jeweils Eigene, und es erlaubt gemeinsames Handeln.

Dieser Friede beginnt in der eigenen Seele. Was wir zuvor in uns selbst verworfen, verdrängt und bedauert haben, das darf nun gleichberechtigt seinen Platz einnehmen neben dem, was wir schon vorher bejaht haben. Es wird in seiner Bedeutung, in seinen Folgen und in dem, was es zu unserem Wachstum beigetragen hat, anerkannt und sogar geliebt.

Dies verlangt von uns, dass wir Abschied nehmen vom Ideal der Unschuld, die weder fordert noch zumutet, die lieber leidet statt handelt, die lieber Kind bleibt statt zu wachsen.

Dieser Friede setzt sich fort in der Familie. Viele Familien wollen unschuldig bleiben, sind zum Beispiel vor allem auf ihr Ansehen bedacht, und verheimlichen, verdrängen und beseitigen sogar, was ihr Ideal von Unschuld gefährdet. So werden sie schuldig, um unschuldig zu bleiben. Sie stoßen einzelne Mitglieder aus, schämen sich ihrer und verdrängen das Andenken an sie, weil ihnen ihr schweres Schicksal Angst macht und die Erinnerung an sie schmerzt. Damit verkümmert diese Familie und kapselt sich ab.

Frieden in den Familien ist nicht das Einfache, nicht das Bequeme. Wer hier Frieden will und dem Frieden dient, stellt sich auch dem Schweren, dem Schmerzlichen, der Schuld. Er gibt allen Familienmitgliedern in seiner Seele einen Platz, auch wenn sie anders sind, als andere es sich wünschen oder wahrhaben wollen. Er stellt sich der Herausforderung und auch der Auseinandersetzung, die am Ende dazu führt, die anderen und das andere als gleichberechtigt anzuerkennen und zu lieben.

Wie können wir Frieden darüber hinaus auch in anderen Bereichen stiften? Zuerst vielleicht nur im kleineren Kreis, zum Beispiel zwischen Nachbarn oder am Arbeitsplatz, und später auch dort, wo wir größere Verantwortung tragen, zum Beispiel in einer Organisation oder in der Politik.

Frieden bringen können wir hier nur, wenn wir die Würde aller Beteiligten achten und das Besondere an ihnen; das, was sie sind und leisten und was sie zum Ganzen beigetragen haben. Dies verlangt auch, dass wir ihre Schuld achten und sie nicht aus der Verantwortung für die Folgen ihrer Schuld entlassen – denn auch das gehört zu ihrer Würde.

Der Friede vermeidet die Konflikte nicht. Denn im Konflikt zeigen die Beteiligten, was ihnen wichtig ist und wo sie sich bedroht erfahren. Im Konflikt bringen sie ihr Eigenes so lange zur Geltung, bis sie zugeben müssen, wo und inwieweit ihnen durch die anderen Grenzen gesetzt sind. Erst dann sind Ausgleich und Austausch zwischen ihnen möglich. Dies lässt jeden am Besonderen der anderen wachsen und reicher werden. In diesem Sinne ist der Konflikt eine Voraussetzung für den Frieden und bereitet in vor.

Der Friede ist nie vollendet. Der ewige Friede, wie er von vielen erträumt wird, wäre Stillstand. Dennoch bringt der Friede etwas zum Abschluss: Was vorher die Kräfte im Konflikt erschöpft hat, tritt nun befriedet zurück. Wir müssen dem Konflikt aber auch erlauben zurückzutreten, sonst wird er, nachdem er gelöst ist, wieder belebt. Und was belebt den Konflikt von neuem? Die Erinnerung! Daher muss, was vorbei ist, auch vorbei sein dürfen.

Den Frieden bedrohen vor allem die Gruppen. Wenn wir dem anderen nicht mehr von Mensch zu Mensch begegnen, wenn wir uns vorwiegend als Teil unserer Gruppe und den anderen nur als Teil seiner Gruppe wahrnehmen, werden wir blind für die Einzelnen. Als Teil einer Gruppe werden wir leicht von uns selbst entfremdet – gleichsam besinnungslos – und lösen uns auf ins Kollektive.

Die Frage ist nun: Wie kann man zwischen den Gruppen Frieden stiften? Denn gegen die kollektiven Kräfte sind die Einzelnen weitgehend machtlos, auch wenn sie selbst besonnen bleiben. Was bleibt ihnen dann als Möglichkeit? Sie müssen warten auf die rechte Zeit, bis sich das Zerstörerische erschöpft hat. Doch sie können dem Frieden bereits im engeren, kleineren Kreis die Wege bereiten. Das verlangt von ihnen in der Zwischenzeit, dass sie den Konflikt aushalten, ja ihm sogar als unausweichlich zustimmen.

Dieses Buch dokumentiert an Beispielen aus den beiden letzten Jahren, was den Frieden in den Seelen vorbereitet.

Dabei geht es einmal um den Frieden zwischen Völkern: zum Beispiel den Griechen und den Deutschen im Zusammenhang mit dem Zweiten Weltkrieg, den Frieden zwischen den Armeniern und den Türken nach den Massakern der Türken an den Armeniern, um den Frieden zwischen Russland und Deutschland, zwischen Japan und den USA und zwischen Israel und seinen Nachbarn.

Es geht in diesem Buch aber auch um die Versöhnung zwischen den Religionen, zum Beispiel zwischen Christentum und Islam, um die Versöhnung zwischen den Eroberern und den Unterworfenen in Südamerika, die Versöhnung im Bürgerkrieg von Kolumbien und die Versöhnung zwischen Herren und Sklaven in Brasilien und den USA.

Oft liegen diese Konflikte weit zurück, wirken aber in den Seelen der Nachkommen noch nach. Mit Hilfe des Familien-Stellens gelingt es über Stellvertreter, die ursprünglich Beteiligten einander gegenüberzustellen. Dann schauen sie sich vielleicht zum ersten Mal in die Augen, sehen sich als Menschen, die einander gleich sind, mit gleichem Recht und gleicher Würde, begreifen, was sie anderen angetan und was diese durch sie erlitten haben, beginnen gemeinsam um das Verlorene zu trauern, versöhnen sich und finden Frieden.

Erst dann können sich auch ihre Nachkommen miteinander versöhnen, können den Opfern die Ehre geben und im Andenken an sie früheres Unrecht wieder gutmachen, soweit dies noch gutgemacht werden kann. Dann können sie das Vergangene endlich hinter sich lassen und aufbauend in der Gegenwart handeln.

Beim Familien-Stellen beginnt das Werk der Versöhnung in der einzelnen Seele und in der Familie. Wenn dort die Versöhnung gelingt, breitet sie sich auch auf größere Gruppen aus. Daher bleiben wir beim Familien-Stellen bescheiden und sind uns unserer Grenzen bewusst. Der tiefe und bleibende Friede entzieht sich der Absicht. Wo er gelingt, erfahren wir ihn als geschenkt.

Bert Hellinger
Januar 2003

Griechen und Deutsche

Vorbemerkung

Im September 2002 habe ich im Goethe Institut in Athen einen Vortrag gehalten zum Thema »Bewegungen auf Frieden hin – Wege zur Versöhnung«.

Anschließend erzählte eine Griechin, wie deutsche Soldaten gegen Ende des Zweiten Weltkrieges ihren Heimatort umstellten. Alle Männer und alle Jungen über vierzehn Jahre wurden von ihren Familien getrennt. Die Frauen und Kinder wurden in eine Schule eingesperrt, die später in Brand gesteckt wurde. Alle Männer wurden umgebracht, darunter auch der Vater und der Bruder dieser Frau. Die Frauen und Kinder wurden gerettet, weil ein Soldat von außen die Tür aufbrach. Dieser Soldat wurde später ebenfalls umgebracht.

Die Frau erzählte aber auch, dass vorher die örtlichen Partisanen eine deutsche Patrouille überfallen hatten. Sie töteten mehrere Soldaten und nahmen andere gefangen, die dann durch den Ort geführt und gedemütigt wurden.

Wie vor diesem Hintergrund Versöhnung gelingt, kam im Anschluss an ihren Bericht in einer Aufstellung auf eine Weise ans Licht, die alle Anwesenden tief berührte.

Bewegungen auf Frieden hin – Wege zur Versöhnung

HELLINGER Es ist ein besonderes Thema, das mir heute vorgelegt wurde: »Bewegungen auf Frieden hin – Wege zur Versöhnung.« Da ich am Jahrestag des Angriffs auf das World Trade Center dazu spreche, ergeben sich daraus auch Bezüge zur Gegenwart.

Ich beginne mit dem ganz Einfachen: Was führt zum Frieden und zur Versöhnung in der eigenen Seele? Die menschliche Entwicklung, das Wachstum, ist möglich, wenn wir etwas in uns hineinnehmen, das wir vorher ausgeklammert haben. Doch bevor wir es in uns hineinnehmen können, gibt es einen Konflikt. Erst nach dem Konflikt kommen die Versöhnung und der Friede. Heraklit, ein alter Freund von mir, hat das in einem Satz ausgedrückt, in drei Worten. Der Satz heißt auf Griechisch: Panton pater polemos. Der Krieg ist der Vater aller Dinge. Das heißt: Der Krieg ist auch der Vater des Friedens. Ohne Krieg kein Friede.

Wie wirkt sich das nun in der Seele aus? Freud, der Begründer der Psychotherapie moderner Art, hat beobachtet, dass der Einzelne nur wachsen kann, wenn er etwas, das er in seiner Seele ausgeklammert hat, integriert. Vieles in uns wird von uns abgelehnt, obwohl wir spüren, dass es zu uns gehört. Zum Beispiel eine persönliche Schuld.

Wie kommt es nun, dass wir einen solch wichtigen Teil von uns ablehnen? Das hängt zusammen mit dem Gewissen. Nur über das Gewissen können wir gut und böse in diesem Sinn unterscheiden. Aber ist das, was das Gewissen gut nennt, wirklich gut? Ich bringe dazu ein einfaches Beispiel. Wenn jemand sagt: »Ich muss meinem Gewissen folgen«, was macht er dann? Gewöhnlich tut er einem anderen etwas an. Habt ihr schon einmal gehört, dass jemand sich auf sein Gewissen berufen hat, wenn er Gutes tut? Nur wenn er mit Hilfe des Gewissens die Rechtfertigung sucht, einem anderen etwas anzutun, beruft er sich auf sein Gewissen. Wir müssen hier also sehr vorsichtig sein.

Ich habe beobachtet, dass das Gewissen vor allem eine Funktion hat: Es bindet uns an unsere Familie und an unsere Gruppe. Wir haben daher ein gutes Gewissen, wenn wir uns so verhalten, dass wir uns sicher sind: Wir dürfen dazugehören. Wenn wir gegen die Regeln unserer Familie oder Gruppe verstoßen, haben wir ein schlechtes Gewissen: Wir fühlen uns dann schuldig.

Aber was heißt das hier genau, dass wir uns schuldig fühlen? Wir fühlen, dass wir das Recht auf Zugehörigkeit gefährdet oder sogar verloren haben. Also, das Gewissen wacht darüber, dass wir alles tun, was notwendig ist, um zur Familie zu gehören, und es verbietet alles, was uns von unserer Familie wegbringen könnte. Zugleich trennt uns das Gewissen von allen, die anders sind. Dann sagen wir: Wir sind die Richtigen, meine Familie ist die richtige, meine Religion ist die richtige, meine Rasse ist die richtige, meine Kultur ist die richtige, ich bin besser und, was noch schlimmer ist: Ich bin auserwählt. Denn die Unterscheidung, die wir treffen, was gut und richtig ist und was böse ist und falsch, projizieren wir auf Gott. Wir sagen dann, wenn wir uns so verhalten, dass wir zu unserer Familie gehören dürfen, dass wir dann auch zu Gott gehören. Dann sind wir von ihm auserwählt. Wir sagen dann von ihm, dass er sich genauso verhält wie wir. Wenn wir uns so verhalten, wie gesagt wird, dass er es will, können wir dazugehören. Wenn wir uns anders verhalten, werden wir verworfen. Himmel und Hölle sind hier Schöpfungen unseres Gewissens und sie werden auf Gott übertragen.

Wenn wir in uns etwas entdecken, was nicht mit den Regeln unserer Familie übereinstimmt, obwohl es vielleicht gut ist, lehnen wir es ab. Damit werden wir auf der einen Seite unschuldig und auf der anderen Seite eng. Unschuldige können nicht wachsen. Sie bleiben stehen. Sie bleiben Kinder. Sie bleiben in den Fesseln ihres Gewissens gefangen.

Wenn wir das, was unser Gewissen ablehnt, obwohl es gut ist, also unseren Schatten, annehmen als ebenfalls gültig und gut, zum Beispiel wenn wir in der christlichen Religion der Sexualität zustimmen, wie sie vorgegeben ist, fühlen wir uns schuldig. Wenn wir den Schatten integrieren, werden wir weiter, menschlicher, toleranter, größer. Aber wir verlieren dadurch unsere Unschuld.

Ich habe das in einem Bild beschrieben. Da setzt sich einer hin und schaut nach vorne. Plötzlich sieht er sich in einem kleinen weißen Kreis. Der Kreis ist eng, er kann sich kaum darin bewegen, und um den kleinen weißen Kreis lodert eine schwarze Schattenflamme. Er schaut hin und weg, schaut hin und wieder weg. Nach drei Tagen öffnet sich der Kreis. Die riesige schwarze Schattenflamme schlägt hinein. Der Kreis wird groß, die Person kann sich endlich strecken. Doch jetzt ist der Kreis grau. Das ist Wachstum über die Unschuld hinaus.

Nun geht das aber noch weiter. Auch in unserer Familie lehnen wir manchmal etwas ab. Zum Beispiel lehnen viele ihre Eltern ab, oder einen Elternteil. Sie sagen dann, und sie sagen das wirklich: »Ich bin besser.«

Was geschieht in der Seele von solchen Menschen? Man kann es beobachten in der Psychotherapie. Sie sind erstens eng und zweitens oft depressiv. Depression heißt nämlich, dass sich jemand leer fühlt. Ihm fehlt etwas, nämlich einer der Eltern. Wenn er den fehlenden Elternteil in seine Seele nimmt, wird er reich.

Ich war in den siebziger Jahren bei einem Psychotherapeuten in Chicago als Gast. Dieser Therapeut hat gesagt, er habe beobachtet, dass sich jeder auf einem gewissen Grundgefühl einpendelt. In diesem Grundgefühl fühlt er sich am wohlsten. Dieses Grundgefühl kann negativ sein oder positiv. Er hat vorgeschlagen, dass sich jeder einmal eine Skala vorstellt von minus hundert über null zu plus hundert. Jetzt kann jeder bei sich überprüfen, wo sein Grundgefühl ist auf dieser

Skala. Ist es auf der negativen Seite und wie tief? Oder ist es auf der positiven Seite und wie hoch? Wenn ihr andere Menschen anschaut, seht ihr sofort, wo sie sich auf dieser Skala befinden. Mit einiger Übung kann man das ganz genau feststellen.

Dieser Therapeut hat gesagt, man kann das Grundgefühl niemals ändern, es bleibt immer gleich. Ich habe herausgefunden, wie man es ändern kann. Soll ich euch sagen, wie? Das sage ich euch nicht. Ich mache lieber mit euch eine Übung. Mit Hilfe dieser Übung könnt ihr auf dieser Skala vielleicht bis zu 75 Punkte nach oben gehen. Soll ich das jetzt mit euch machen?

Okay, dann schließt die Augen und legt weg, was ihr in den Händen habt. Kommt zur Ruhe und sammelt euch in eurer Mitte. Stellt euch vor, ihr steht vor euren Eltern als Kind. Ihr schaut zu ihnen hinauf und seht hinter ihnen deren Eltern, und hinter denen deren Eltern, und hinter diesen deren Eltern, und so weiter durch all die vielen Generationen, bis zum Urgrund des Lebens.

Das Leben fließt durch alle diese Generationen. Niemand kann ihm etwas hinzufügen oder wegnehmen. Und so, von weit her, erreicht uns das Leben durch diese Eltern. Es spielt überhaupt keine Rolle, wie sie sind. In der Weitergabe des Lebens sind alle Eltern vollkommen. Durch alle diese vielen Generationen haben sie es richtig gemacht. Keiner war besser, keiner war schlechter. So kommt das Leben zu uns in seiner Fülle durch diese besondere Mutter, durch diesen besonderen Vater.

Und nun öffnet euer Herz. Macht es weit und nehmt das Leben von diesen Eltern in die Seele und sagt: »Danke. Ihr seid groß, ich bin klein. Ihr gebt, ich nehme. Ich nehme alles, wie es von euch zu mir kommt.«

Dann steht ihr vielleicht auf, lehnt euch mit dem Rücken an eure Eltern, werdet groß wie sie und schaut nach vorne: zu den eigenen Kindern, zu den eigenen Enkeln, zu den vielen Generationen, die noch kommen. Und ihr wisst euch im Einklang mit allen, durch die das Leben euch erreicht hat, und mit allen, auf die das Leben durch euch weiterfließt. Und so seid ihr im Strom des Lebens allen gleich.

Ich möchte noch etwas hinzufügen. Jeder, der das Leben von diesen besonderen Eltern bekommt, bekommt es in einer bestimmten Weise, die noch etwas hinzufügt. Denn diese Eltern gehören zu einer besonderen Gruppe, zu einer besonderen Kultur, zu einer besonderen Rasse, zu einer besonderen Religion. Jeder von uns kann das Leben nur haben, wenn er das Leben nimmt mit dem, was in seiner Familie dazugehört. Indem er das Leben von diesen Eltern nimmt, nimmt er auch deren Glauben, deren Sprache, deren Schicksal, alles, was hier dazugehört. Wenn er dem Leben zustimmt von diesen Eltern, stimmt er auch diesem anderen zu.

Nun stellt euch vor, neben euch ist ein anderes Kind. Auch dieses Kind schaut seine Eltern an, seine Ahnen, nimmt das Leben von diesen seinen Eltern, sagt: »Ihr seid groß, und ich bin klein.« Und es nimmt das Leben mit allem, was zu diesen Eltern auch gehört, mit deren Glauben, deren Kultur, deren Sprache, deren Religion. Im Nehmen des Lebens, in diesem elementaren Vollzug, ist es uns völlig gleich. Es kann nicht anders sein, als es ist, so wie wir nicht anders sein können, als wir sind.

Wenn wir einem solchen Kind später begegnen, zum Beispiel wenn ein Israeli einem Palästinenser begegnet oder ein Amerikaner dem Bin Laden, was ist hier gemäß? Was ist von beiden Seiten gemäß? Was passiert, wenn wir anerkennen, dass der andere, obwohl verschieden, mir als Mensch gleich ist? Wenn ich nicht nur auf meine Familie schaue, auf meine Gruppe, meinen Glauben, meine Sprache, sondern auch auf seine und anerkenne, dass das andere, obwohl verschieden, meinem ebenbürtig ist, dass es die gleiche Anerkennung verdient? Wenn ich auch dem anderen, wie er ist, mit allem, was zu ihm gehört, einen Platz in meinem Herzen gebe? Was passiert?

Ich gebe meine Überlegenheit auf, meinen Glauben an meine Überlegenheit, und gebe dem anderen einen gleichwertigen Platz in meinem Herzen. Ich werde dadurch reicher, menschlicher. Ich verliere aber auf gewisse Weise meine ausschließliche Zugehörigkeit zu meiner Gruppe, gebe etwas von meiner Sicherheit auf – und wachse.

Ich möchte in diesem Zusammenhang noch etwas besonders erwähnen. Man kann sehen, bei den Familienaufstellungen zum Beispiel, dass alles, was ich ablehne, in mir Kraft gewinnt. Je mehr ich etwas ablehne, desto mehr werde ich ihm gleich. Die Tochter, die ihre Mutter ablehnt, wird ihr sehr bald gleich.

Das gilt auch mit Bezug auf Täter und Opfer: Wenn die Nachkommen der Opfer auf die Täter böse sind, werden sie wie die Täter. In ihrer Haltung und in ihrem Gefühl werden sie wie die Täter. Wenn ihr seht, was im Nahen Osten passiert, könnt ihr das bei vielen beobachten, nicht nur im Gefühl der Überlegenheit, auch im konkreten Handeln. Hier sehen wir, was passiert, wenn wir die Täter ablehnen.

Ich möchte noch etwas über die deutsche Situation in dieser Hinsicht sagen. Stellt euch vor, die Deutschen würden sagen: »Hitler ist einer von uns, ein Mensch wie wir. Wir nehmen ihn auf als einen von uns – mit Mitgefühl. Und nicht nur ihn, sondern auch alle, die ihm gefolgt sind.« Wenn wir auf einmal anerkennen, dass auch sie im Grunde ihrem Gewissen gefolgt sind und im Gefolge ihres Gewissens sich als Opfer gefühlt haben, und dass sie ihre furchtbaren Taten im Grunde mit gutem Gewissen vollbracht haben. Wenn wir dann zugleich auf all die Opfer schauen, die das Dritte Reich hinterlassen hat, die umgebracht wurden, und wenn wir auch ihnen einen Platz in unserem Herzen geben? Und wenn wir am Ende die Täter und die Opfer zusammen sehen als zusammengehörig, wenn wir mit ihnen zusammen trauern um das, was geschehen ist? Dann hört jede Überlegenheit und jede Angst auf.

Was würde in den Seelen der Deutschen geschehen, wenn ihnen das gelänge? Wie wären sie dann für andere Völker? Welche Kraft würde dann freigesetzt? Das ist der eigentliche Weg zur Versöhnung.

Bericht über das Massaker deutscher Soldaten an den Einwohnern von Kalavryta

DIMITRIS STAVROPOULOS Frau Koutsouki und ihre Tochter Maria stammen aus Kalavryta. Kalavryta ist eine Provinzstadt im Bergland von Achaia auf dem Peloponnes, die während der deutschen Besatzungszeit von der Besatzungsarmee zerstört wurde.

FRAU KOUTSOUKI Es war am 13. Dezember 1943. Ich war damals acht Jahre alt. Ich hatte noch sechs Geschwister, zwei Jungen und vier Mädchen. Der eine Bruder war 17 Jahre alt. Die restlichen Geschwister waren mit der Mutter in einem Saal der Elementarschule von Kalavryta, in dem wir uns versammelt hatten für einen Vortrag. Dort haben die Deutschen die Frauen von den Männern in verschiedene Säle getrennt. Die Jungen, die über 14 Jahre alt waren, gingen zu den Männern. Seitdem haben wir sie nie mehr gesehen.

In dem Saal, in dem die Frauen und die kleinen Kinder waren, war großer Aufruhr. Alle haben darauf gewartet, etwas zu sehen oder zu hören. Da war aber nichts anderes zu hören als das Weinen der Kleinkinder und Säuglinge und die Schreie und das Stöhnen der Frauen, als eine Nachricht kam von einer Frau, die aus einer anderen Gegend in den Saal kam.

Nach längerer Zeit – es war sehr nebelig und die Sonne war rot – haben wir gesehen, dass die Häuser gebrannt haben. Nach einiger Zeit fingen wir an zu schreien: »Wir verbrennen!«

Die Soldaten fingen an, beim Keller der Schule ein Pulver zu streuen, das leicht Feuer fing, damit wir alle in der Schule verbrannten. Ich werde aber nur erzählen, was ich selbst gesehen habe, weil ich nicht in den Saal sehen konnte, in dem die Männer sich befanden. Nur hinterher haben wir erfahren, was da los war. Nach langem Heulen – inzwischen litten wir auch unter Hunger und Durst – wurde eine Frau in den Frauensaal gebracht. Meine Mutter hat sie gefragt: »Wie kommst du hierher?« Denn diese Frau war aus einer anderen Gegend. Sie war eine Bäuerin und sagte: »Man hat mir alles genommen.« Sie hat meiner Mutter gesagt, sie soll nicht weinen, es wartet noch viel Schlimmes auf uns. Alle deine Angehörige gibt es nicht mehr, sie sind umgebracht worden. Da hat die Mutter angefangen zu heulen und an ihren Haaren zu reißen. In ihren Armen hielt sie ihr jüngstes Kind, eine Tochter von eineinhalb Jahren.

Nach einiger Zeit wurden die Rauchschwaden dichter. Wir wussten nicht, wer am Tor stand, ob es ein Deutscher war, ein Österreicher oder ein Italiener. Das haben wir nicht erfahren, denn er wurde später umgebracht. Er hat die Schreie gehört und hat dann mit seinem Gewehr das Tor eingeschlagen. Wir haben uns dann alle, die ganze Menge, nach draußen gedrängt. Die Mütter hielten in ihren Armen ihr jüngstes Kind und hatten die anderen kleinen Kinder um sich. Sie wussten, dass sie alle anderen, die Söhne und die Männer, verloren hatten.

HELLINGER Wie viele sind aus Ihrer Familie umgekommen und wer?

FRAU KOUTSOUKI Mein Bruder, 17 Jahre alt, mein Vater, zwei Brüder meines Vaters, drei Mädchen aus der gleichen Familie, im Ganzen vierzig.

HELLINGER *zur Gruppe* Es ist sehr bewegend, was sie sagt. Vielleicht müssen wir auch wissen, was dem vorausgegangen ist?

FRAU KOUTSOUKI Drei Monate vorher ist eine Gruppe von Deutschen zu Fuß losgegangen aus einer entfernten Stadt und wollte in der bergigen Gegend patrouillieren. Auf den Bergen waren die Partisanen, die Widerstandskämpfer, die wir unterstützten. Wir waren auch der Meinung, dass es richtig war, dass sie im Widerstand waren.

An einem bestimmten Platz haben sie die Patrouille eingekreist. Drei von ihnen sind umgekommen und achtzig wurden gefangen genommen, darunter auch einige Verletzte.

Die Partisanen haben die Gefangenen nach Kalavryta gebracht, haben sie über den Platz der Stadt geführt und haben die kleinen Kinder angefeuert, sie zu verspotten. Die Verletzten wurden in einem mobilen Krankenhaus behandelt. Nach dieser Niederlage wollte sich der deutsche Oberkommandant an dieser Stadt rächen und hat diese Strafaktion angeordnet.

Die Versöhnung beginnt bei den Opfern

HELLINGER *zur Gruppe* Wir haben jetzt die Fakten gehört. Die Frage ist: Was führt hier zum Frieden und zur Versöhnung? Deswegen werde ich das mal aufstellen. Ich fange mit denen an, die am ehesten zur Versöhnung bereit wären. Das sind die Opfer auf der einen und auf der anderen Seite. Ich nehme daher drei Vertreter für die ermordeten Deutschen und fünf Vertreter für die ermordeten Männer aus dieser Stadt.

Hellinger wählt die Stellvertreter aus und stellt sie einander gegenüber.

Bild 1

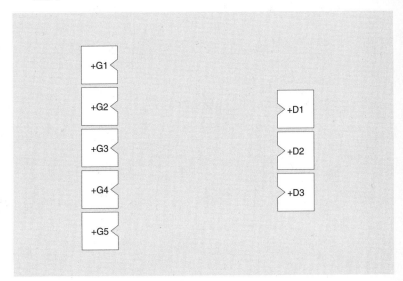

+D1   Erster getöteter Deutscher
+D2   Zweiter getöteter Deutscher
+D3   Dritter getöteter Deutscher
+G1   Erster getöteter Grieche
+G2   Zweiter getöteter Grieche usw.

HELLINGER *zu den Stellvertretern* Schaut euch an und achtet darauf, was im Körper und in der Seele vor sich geht. Dem gebt ihr dann nach.

Nach einer Weile legt der vierte Grieche seine Hand auf die Schulter des fünften Griechen und lehnt seinen Kopf an dessen Schulter. Dann umarmen sie sich. Der dritte Deutsche geht einige Schritte nach vorn auf den ersten Griechen zu. Dann macht auch der zweite Deutsche, der schon vorher hin und her geschwankt war, einen Schritt nach vorn. Er schwankt noch immer und droht dabei, nach vorn zu fallen.

Nach einer Weile lösen sich die beiden Griechen aus der Umarmung und schauen wieder zu den Deutschen. Der zweite Deutsche geht noch einen Schritt nach vorn, schwankt immer noch und schaut zu Boden.

Der dritte Deutsche geht wieder etwas zurück. Auch der vierte und fünfte Grieche gehen einen Schritt zurück.

Nach einer Weile wählt Hellinger drei Frauen als Stellvertreterinnen für die Mütter der getöteten Deutschen aus und stellt sie hinter sie.

Bild 2

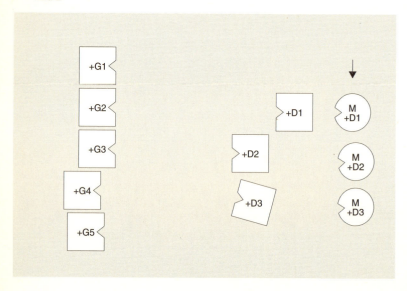

M+D1   Mutter des ersten getöteten Deutschen usw.

Ganz langsam gehen die Mütter von hinten auf ihre Söhne zu und legen ihnen die Hände auf die Schultern. Dabei fängt die Mutter des dritten getöteten Deutschen heftig zu zittern an.

Bild 3

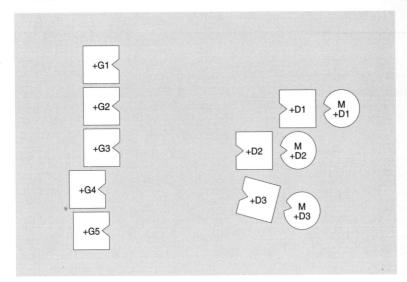

Nach einer Weile wählt Hellinger fünf Stellvertreterinnen für die Mütter der getöteten Griechen aus und stellt sie hinter sie.

Bild 4

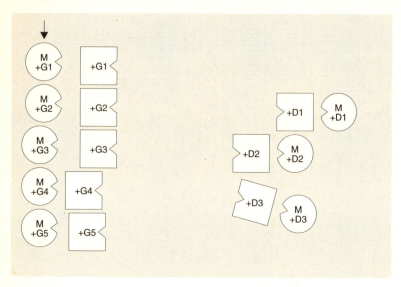

M+G1   Mutter des ersten getöteten Griechen usw.

Die Mutter des fünften getöteten Griechen umfasst ihn von hinten und legt ihren Kopf auf seine Schulter.

Die Mutter des zweiten getöteten Deutschen stellt sich neben ihn und führt ihn langsam nach vorn. Er bleibt dabei tief gebeugt. Die Mutter des ersten getöteten Deutschen geht nach vorn und winkt ihrem Sohn nachzukommen. Doch dieser bleibt stehen.

Nach einer Weile erreicht die Mutter des zweiten getöteten Deutschen zusammen mit ihm die Griechen. Der vierte getötete Grieche wendet sich ihm zu und umarmt ihn. Dieser bleibt immer noch tief gebeugt.

Der fünfte getötete Grieche wendet sich nun zu seiner Mutter und beide umarmen sich.

Bild 5

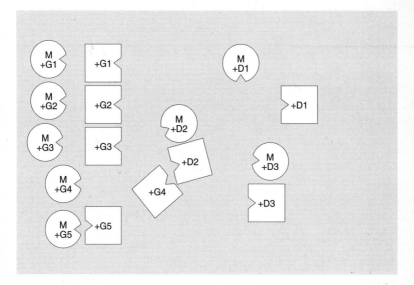

Nun führt die Mutter des dritten getöteten Deutschen diesen langsam nach vorn. Auch der erste getötete Deutsche macht einen Schritt nach vorn.

Der erste getötete Grieche wird von seiner Mutter nach vorn zu den Deutschen geschoben. Sie lässt ihn dann los und er geht alleine auf den ersten getöteten Deutschen zu. Auch dieser ist auf ihn zugegangen. Beide reichen sich die Hand und schauen sich an.

Nach einer Weile dreht sich der erste getötete Grieche der Mutter des ersten getöteten Deutschen zu. Diese geht zu ihm und beide umarmen sich.

Bild 6

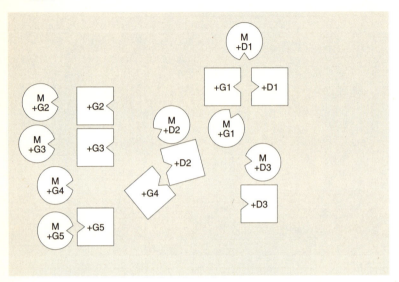

Nun geht auch der dritte getötete Deutsche mit seiner Mutter zu den Griechen. Er und der fünfte getötete Grieche und ihre beiden Mütter reichen sich die Hände. Sie legen von hinten die Arme um sich und schauen sich an. Dann umarmen sie sich innig.

Die Mutter des dritten getöteten Griechen löst sich von ihm und wendet sich nach außen. Die Mutter des ersten getöteten Deutschen geht hinüber zu ihr, kniet sich hinter sie und berührt ihre Hände, die sie hinter dem Rücken hält. Diese zieht jedoch ihre Hände zurück und schüttelt sich.

Nun gehen auch alle anderen aufeinander zu und schauen sich an. Nur die Mutter des dritten getöteten Griechen bleibt abseits.

Bild 7

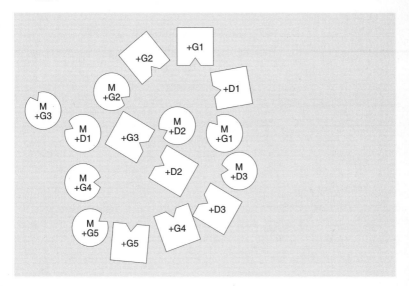

HELLINGER *zu den Stellvertretern* Ich lasse es hier, doch bleibt noch so, wie ihr steht.

zur Gruppe Stellt euch vor: Was geht in den Seelen derer vor, denen diese Bewegung gelungen ist? Und was bedeutet es für die Toten, wenn ihnen diese Bewegung gelingt? Wir haben hier gesehen, wie schwer das ist und wie lange es dauern kann.

Jetzt schaut auf die eine Frau, die sich abgewendet hat. Sie zeigt, was in den Herzen von vielen vor sich geht, die Nachkommen oder Mütter von Opfern sind. Sie verweigern die Versöhnung.

Nun stellt euch vor, was geht in ihrer Seele vor? Was geht in den Seelen ihrer Kinder vor? Hier sehen wir, wie das Böse und das Aggressive und das Täterhafte sich fortpflanzt.

Ich komme hier noch einmal zurück auf das Gewissen. Jedes dieser Opfer war vielleicht auch ein Täter, war in seinem Herzen ein Täter, wollte den Tod von anderen. Und jeder war es mit gutem Gewissen, im Dienste seiner Gruppe. Hier, in den Bewegungen der Seele, überschreiten die Einzelnen die Grenzen ihres Gewissens, geben den anderen, die ein anderes Gewissen haben, einen Platz in ihrem Herzen und werden dadurch wahrhaft menschlich.

Hier konntet ihr sehen, dass die Seele in der Tiefe sich auf Versöhnung hinbewegt. Hier gab es für die Stellvertreter keine Vorgaben. Diese Bewegungen kamen von einer tieferen Schicht der Seele, größer und umfassender als das Gewissen. Hier, vor der Seele, sind alle Menschen gleich. Wo diese Bewegungen sich zeigen durften, ist etwas möglich, was vorher nicht möglich war. Das Vergangene darf vorbei sein, und das heißt Frieden. Dann sind alle frei, nach vorn zu gehen, und die Toten von damals stehen hinter ihnen als Kraft.*

Nachtrag

DIMITRIS STAVROPOULOS Ich war vor einigen Wochen in Kalavryta und habe das Monument für die Opfer besucht. Es ist am Ort der Exekution der männlichen Bevölkerung errichtet worden. Auf riesigen Granitwänden unterhalb eines großen Steinkreuzes sind die Namen der Hingerichteten (ca. 1100 Menschen) eingraviert, die Namen der Kinder zwischen 14 und 18 Jahren gesondert auf einer eigenen Wand.

Auf einer anderen Wand sind auch die Namen der Überlebenden genannt (ca. 30 Menschen). Sie haben sogar noch den Gnadenschuss überlebt. Erst hat es mich befremdet, dass auch sie mit den Toten zusammen genannt werden. Ich dachte, vielleicht werden sie dadurch belastet. Aber dann habe ich mir überlegt, dass diese Menschen auf seltsame Weise wissen, dass sie an die Toten gebunden sind. Das hat mir innerlich Ruhe gegeben.

Über der Anlage und auch in der dort errichteten Kirche steht mit großen Buchstaben geschrieben: »Nie wieder Krieg, Frieden für alle Menschen.« Die ganze Anlage ist als Mahnmal für den Frieden konzipiert.

---

* Dieser Vortrag und die Aufstellung sind dokumentiert auf dem Video: Bert Hellinger: Wie Versöhnung gelingt. Deutsch/Griechisch.

ZWISCHENBETRACHTUNG

Vergeben und Vergessen

Vergebung, die verbindet, ist verborgen und still. Sie wird nicht ausgesprochen, sondern geübt. Im Grunde ist sie nichts anderes als Nachsicht. Sie übersieht einen Fehler, ein Unrecht, eine Schuld und vergisst sie. Auf diese Weise bleibt der Fehler oder das Unrecht oder die Schuld ohne schlimme Folgen für eine Beziehung. Im Gegenteil. Durch die stillschweigende Nachsicht vertieft sich die Beziehung. Das gegenseitige Vertrauen wächst, vor allem aufseiten dessen, der Nachsicht erfahren durfte. Sie lässt auch ihn, wenn die Reihe an ihm sein sollte, bei anderen Fehler und Unrecht und Schuld übersehen und vergessen.

Anders ist es, wenn jemand einem anderen sagt: »Ich vergebe dir.« Wenn er das sagt, spricht er den anderen zugleich schuldig, erhebt sich über ihn und erniedrigt ihn. Diese ausgesprochene Vergebung hebt die menschliche Beziehung von Gleich zu Gleich auf. Sie gefährdet die Beziehung, statt dass sie sie rettet.

Wie ist es aber, wenn der andere uns um Vergebung bittet? Wenn diese Bitte aus dem Schmerz heraus kommt, uns betrübt oder verletzt zu haben, lässt sie den Fehler oder das Unrecht oder die Schuld leichter vergessen. Umso mehr, wenn auch wir auf unsere Weise dem anderen gegenüber schuldig wurden. Dann gestatten wir uns beide vielleicht einen neuen Anfang, ohne auf Früheres zurückzukommen. Das ist eine sehr menschliche Weise der Vergebung, bei der beide ebenbürtig und zugleich unten bleiben.

Es gibt aber Situationen, in denen die Nachsicht sich verbietet, weil die Schuld so groß ist, dass sie vom Schuldigen nur anerkannt und vom Betroffenen nur erlitten werden kann. Der Extremfall einer solchen Schuld ist der Mord, denn sie kann nicht mehr gutgemacht werden. Hier muss der Schuldige zu seiner Schuld und ihren Folgen stehen, ohne Vergebung zu erwarten. Und die Betroffenen dürfen sich nicht anmaßen, ihm zu vergeben, als könnten und dürften sie das.

Was geht in der Seele eines Schuldigen vor, wenn er nach solcher Schuld Vergebung erwartet und erbittet? Er verliert die Opfer aus dem

Blick, denen er auf eine nicht mehr gutzumachende Weise geschadet hat. Er kann dann nicht mehr um sie trauern. Stattdessen sucht er den Folgen seiner Schuld zu entgehen, indem er sie anderen aufbürdet und sie in deren Verantwortung legt. Vielleicht wird er ihnen sogar böse, als schuldeten sie ihm die Vergebung. Damit verliert er seine Würde und seine Größe, und wer ihm vergibt, nimmt ihm diese Würde und Größe. Vor allem aber nimmt er ihm die Kraft, die ihm durch die Anerkennung seiner Schuld und ihrer Folgen zufließt. Wer aus dieser Kraft etwas Besonderes für andere Menschen auf sich nimmt und leistet, gewinnt seine Würde und auf gewisse Weise seinen Platz unter den anderen Menschen wieder zurück.

Was geht in der Seele jener vor sich, die einem solchen Schuldigen Vergebung gewähren? Auch sie verlieren den Blick auf die Opfer und können nicht mehr um sie trauern oder mit ihnen leiden. Vor allem aber erheben sie sich über den Schuldigen und machen ihn erbärmlich und klein. Und sie machen den Schuldigen durch ihre Vergebung sogar böse, weil sie ihn und seine Tat nicht ernst nehmen. Dann gibt ihre Vergebung dem Bösen neue Nahrung und Kraft, statt dass sie ihm ein Ende setzt.

Vor allem aber maßt sich jemand durch eine solche Vergebung etwas an, was nur einer höheren Macht zukommt, der Täter und Opfer ausgeliefert sind und in deren Dienst sie stehen, alle auf ihre Weise. Wer hier vergeben will, weigert sich, dieser Macht die Ehre zu geben. Er stellt sich neben oder sogar über sie.

Wenn beide, Täter und Opfer, anerkennen, dass sie den Folgen dieser Tat nicht entrinnen können, weil sie beide an Grenzen kommen, die für sie unüberwindlich bleiben, müssen sie ihre Ohnmacht anerkennen und sich vor ihrem Schicksal verneigen. Das verbindet sie auf eine tiefe, menschliche Weise und ebnet ihnen im Angesicht dieses Schicksals den Weg zur Versöhnung.

Wie können andere sich den Tätern und Opfern gegenüber menschlich verhalten? Die demütige Antwort darauf ist die Barmherzigkeit. Sie ist eine Bewegung und Haltung des Herzens von Mensch zu Mensch, aber auch von Mensch zum Tier, zu jeder Kreatur. Wir fühlen sie im Angesicht von ausweglosem Leid und ausweglosem Schuld, suchen sie zu lindern durch Werke der Barmherzigkeit und wissen doch, dass dieses Leid und diese Schuld im Tiefsten unaufhebbar bleiben.

Wie können wir barmherzig werden? Wenn wir im Angesicht der eigenen Not, der eigenen Schuld, der eigenen oft ausweglosen Lage innewerden, wie sehr auch wir auf die Barmherzigkeit und Nachsicht anderer angewiesen sind. Daher teilen die Barmherzigen mit den Schuldigen und mit den Leidenden deren Ohnmacht. Aus dieser Ohnmacht heraus richten sie nicht und vergeben auch nicht. Sie bleiben demütig und unten. Diese Barmherzigkeit ist still.

Damit habe ich auch etwas über Liebe gesagt, die versöhnt. Dies ist eine besondere Liebe, über und jenseits jener Liebe, die noch etwas will. Liebe heißt hier: Anerkennen, dass alle anderen mir vor etwas Größerem gleichen. Demut heißt das Gleiche. Vergeben und Vergessen auch.

Armenier und Türken – Christentum und Islam

Vorbemerkung

Während eines Kurses in Istanbul im September 2002 habe ich mit einer Klientin gearbeitet, die sehr zerfahren wirkte. Es wurde deutlich, dass sie sowohl von einer Täterenergie als auch von einer Opferenergie gesteuert wurde und dass sie diese beiden Energien in sich nicht versöhnen konnte. Daher habe ich versuchsweise eine Stellvertreterin für einen Täter und einen Stellvertreter für ein Opfer aus ihrer Familie aufgestellt, um zu sehen, ob sich diese Annahme bestätigt.

Im Laufe dieser Aufstellung wurde deutlich, dass einige Armenier als Opfer hinzugenommen werden mussten. Die Stellvertreterin des Täters spürte ihnen gegenüber eine starke Aggression, wollte ihnen sogar auf den Bauch treten, legte sich dann aber neben sie. Auch die Klientin habe ich aufgefordert, sich dazuzulegen. Aber alle, die Täterin, die Klientin und die Opfer, vermieden untereinander den Kontakt.

Die Verstrickung

HELLINGER *im Anschluss an diese Aufstellung* Wir wissen nicht, was wirklich in dieser Familie passiert ist. Aber die Nachwirkungen in der Gegenwart konnte man sehen: die mörderische Energie.

Ich erzähle euch ein Beispiel, damit ihr eine Vorstellung davon bekommt, was da ablaufen kann. Vor einigen Wochen hatte ich einen Kurs für Paare in Washington. Eine Frau kam ohne ihren Mann, sie wollte alleine arbeiten. Ich habe sie gefragt: »Verdienst du deinen Mann und verdient er dich? Und achtest du deinen Mann?« Da hat sie gelächelt. Man konnte sehen, sie achtet ihn nicht. Ich sagte ihr: »Kein Wunder, dass er nicht mitkommen will, wenn du ihn nicht achtest.«

Dann habe ich für ihren Mann einen Stellvertreter ausgewählt und sie ihm gegenüber gestellt. Der Mann begann zu schlottern vor Angst. Ich habe sie gefragt: »Hast du schon mal daran gedacht, ihn umzubringen?« Sie sagte: »Ja.« Ihre Tochter, 17 Jahre alt, war auch mit dabei. Ich wusste es aber nicht. Später habe ich erfahren, dass ihre Tochter schon einen Selbstmordversuch unternommen hatte.

Dann bin ich auf meine gewohnte Weise vorgegangen. Ich habe ihre drei Töchter dem Vater gegenübergestellt und sie zu den Kindern sagen lassen: »Ich vertraue euch eurem Vater an und ziehe mich jetzt zurück.«

Danach habe ich der Frau gesagt, wenn jemand einen solchen mörderischen Impuls hat wie sie, muss etwas Besonderes in der Herkunftsfamilie passiert sein. Aber sie konnte sich an nichts erinnern. Nach einer Stunde kam sie wieder zu mir und sagte, ihr sei etwas eingefallen. Ihr Vater war hoher Offizier bei der Militärpolizei und war verantwortlich für den Schutz der Anlage, in der die erste Atombombe gebaut wurde. Später war er auch in Vietnam involviert. Nebenbei ließ sie auch eine Bemerkung fallen – ich wusste ja von ihr nichts: »Ich wundere mich, warum ich einen Japaner geheiratet habe.«

Dann habe ich aufgestellt: ihren Vater, etwas davor sie selbst und ihnen gegenüber die vietnamesischen Opfer. Aber sowohl der Vater wie auch sie haben sich weggedreht.

Dann habe ich die Atombombe aufgestellt. Die Frau hat sich neben die Atombombe gestellt und fühlte sich dort gut. Sie war mit der Atombombe identifiziert. In dieser Ehe ist also der Krieg zwischen den USA und Japan weitergegangen als Ehekrieg. Sie hatte gegenüber ihrem japanischen Mann die Energie der Atombombe.

Wir haben danach eine schöne Lösung gefunden und sie war sehr erleichtert.

Das ist ein Beispiel dafür, wie jemand Energien ausgeliefert sein kann, die mit der eigenen Person nichts zu tun haben, und wie sehr wir oft fremden Schicksalen ausgeliefert sind.

Was die Entzweiten wieder vereint

Vorbemerkung

Später erzählte die Klientin, dass ein Vorfahre vielleicht in die Massaker an den Armeniern verwickelt war und dass ein Onkel von ihr diese heute noch billige.

HELLINGER Ich möchte das Thema von vorhin noch einmal aufgreifen und ein Aufstellung machen, die gewagt ist. Es ist wichtig, dass die Stellvertreter, die ich dafür auswähle, genau auf ihre Gefühle achten und nur so weit gehen, als das Gefühl deutlich ist. Sie achten auf die Bewegungen der Seele. Wer mit ihr in Kontakt ist, der schaut nicht herum. Er verschränkt auch nicht die Hände und schaut nicht zu mir oder sonst jemandem. Er ist ganz in sich. Dann erst zeigt sich die Wirklichkeit.

Hellinger wählt fünf Stellvertreter für die ermordeten Armenier aus, dann fünf Stellvertreter für die Türken, darunter auch die Klientin, und stellt beide Gruppen einander gegenüber.

Bild 1

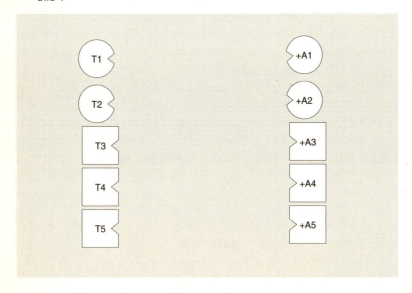

+A1   Erster ermordeter Armenier usw.
T1   Erster Türke usw.

Nach einer Weile wählt Hellinger einen Stellvertreter für das Christentum aus und stellt ihn hinter die Armenier, und einen Stellvertreter für den Islam, den er hinter die Türken stellt.

Bild 2

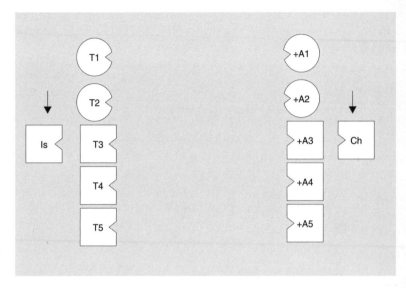

| Ch | Christentum |
| Is | Islam |

Der dritte ermordete Armenier sinkt zu Boden und legt sich auf die linke Seite. Nach einer Weile geht der vierte ermordete Armenier einen Schritt nach vorn und dann noch einen Schritt. Der fünfte Türke fasst sich mit der linken Hand an den Bauch.

Der vierte ermordete Armenier geht noch näher zu den Türken hinüber. Der erste ermordete Armenier, eine Frau, verschränkt erst die Arme vor ihrer Brust, kniet sich dann hin und setzt sich auf ihre Fersen. Der zweite ermordete Armenier, eine Frau, atmet tief und schwankt. Die Klientin, die erste der Türken, ist einen Schritt nach vorn getreten. Sie fasst sich am Hals, atmet tief und schaut zu Boden. Auch der zweite Türke, eine Frau, ist einen Schritt nach vorn getreten.

Inzwischen hat sich die erste ermordete Armenierin wieder vom Boden erhoben. Auch der fünfte Türke tritt nun weiter nach vorn.

Dann bewegt sich die zweite ermordete Armenierin schwankend zur ersten Türkin, der Klientin, und streckt hilflos und wie mit großer Angst die Arme nach ihr aus.

Bild 3

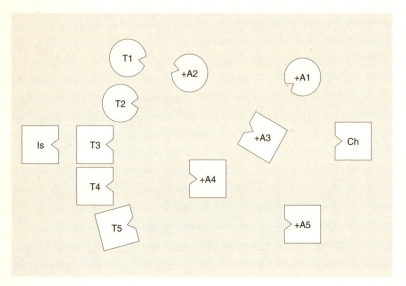

Nach einer Weile wagt es die zweite ermordete Armenierin, die erste Türkin zu berühren und den Kopf auf ihre Schultern zu legen. Sie umarmt sie. Diese Türkin aber zögert, lässt zunächst die Arme noch unten und legt sie dann doch auch um die Armenierin. Diese bedeckt ihr Gesicht und schluchzt.

Die zweite Türkin geht zu dem am Boden liegenden dritten ermordeten Armenier, schaut zu ihm hinunter und stellt sich neben die erste Armenierin. Diese geht wieder zu Boden und schlägt die Hände vor ihr Gesicht.

Dann geht der vierte Türke freundlich auf den vierten Armenier zu, und beide umarmen sich.

Bild 4

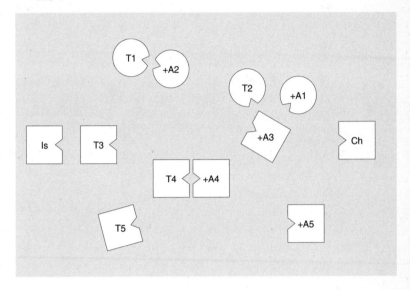

Die zweite Türkin stellt sich links neben die erste Armenierin. Diese fasst nach ihrer Hand und steht wieder auf. Dann halten sie sich bei den Armen.

Der fünfte Türke geht wieder zurück. Der vierte Türke und der vierte Armenier lösen sich aus ihrer Umarmung und wenden sich dem fünften Türken zu. Der vierte Türke macht eine einladende Handbewegung. Daraufhin geht der fünfte Türke noch weiter zurück. Er hält immer noch seine Hand auf den Bauch.

Bild 5

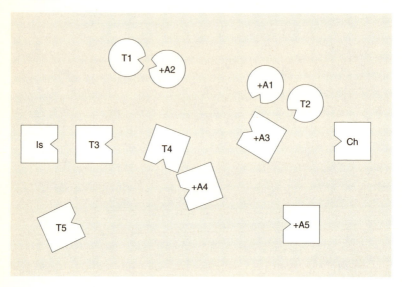

Der vierte Türke geht nun mit dem vierten Armenier zum fünften Armenier, der sich bisher noch nicht bewegt hat, und umarmt ihn. Er macht eine einladende Handbewegung, damit er mit zu den Türken kommt, aber er zögert noch.

Inzwischen sind die erste Armenierin und die zweite Türkin hinüber zur ersten Türkin und zur zweiten Armenierin gegangen, die sich immer noch umarmen, und stehen nun bei ihnen.

Der Stellvertreter für den Islam hat sich inzwischen neben den dritten Türken auf den Boden gesetzt. Der dritte Türke hatte die ganze Zeit die Arme vor der Brust verschränkt und sich kaum bewegt.

Bild 6

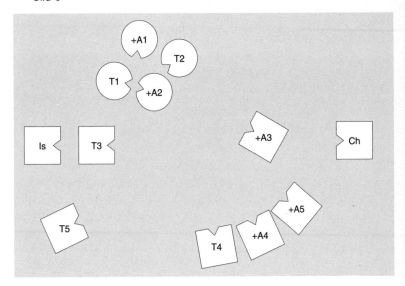

Hellinger wählt nun einen Stellvertreter für den Sohn des fünften Türken aus und stellt ihn neben seinen Vater.

Bild 7

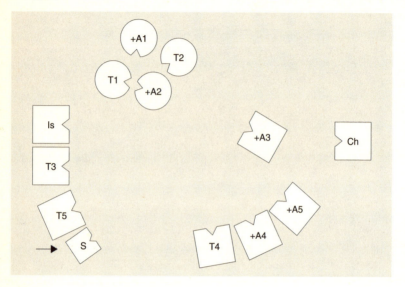

S   Sohn des fünften Türken

Der fünfte Türke ist sehr bewegt und schlägt die Hände vor sein Gesicht. Beide, er und sein Sohn, schluchzen heftig, wobei der Sohn seinen Vater hält und tröstet. Dann gehen beide gemeinsam zu Boden und knien sich hin. Der vierte Türke geht zu ihnen und umarmt sie. Später legt sich der fünfte Türke auch auf den Boden.

Der vierte Türke macht eine einladende Handbewegung zum fünften und vierten Armenier. Diese kommen nun herüber und knien sich zu ihnen.

Bild 8

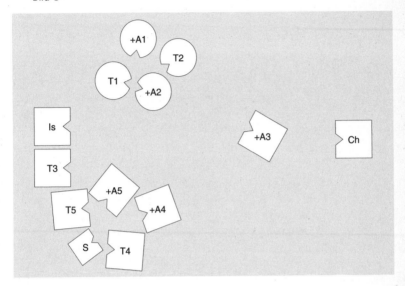

Nun geht der Stellvertreter des Christentums hinüber zum Stellvertreter des Islam und kniet sich vor ihn auf den Boden. Auch der dritte Türke kniet sich zu den anderen Männern am Boden.

Die zweite Armenierin geht mit der ersten Türkin näher zu dem am Boden liegenden dritten Armenier. Beide weinen.

Bild 9

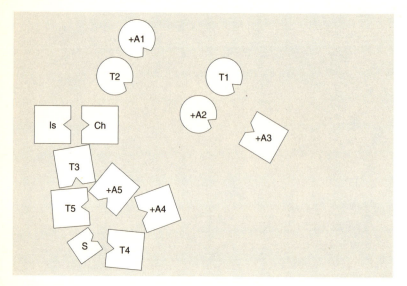

Die zweite Türkin geht nun auch zum dritten Armenier, kniet sich neben ihn und dreht ihn auf den Rücken. Dann führt das Christentum den Islam an der Hand zu diesem Toten, wobei der Islam den Kopf gesenkt hält.

Die zweite Armenierin und die erste Türkin umarmen sich erneut, ziehen sich aber von dem am Boden liegenden Armenier zurück.

Das Christentum und der Islam knien sich zu dem Toten und berühren ihn gemeinsam, wobei der Islam den Arm um das Christentum gelegt hat. Auch die zweite Türkin berührt ihn. Das Christentum streichelt dem auf dem Boden liegenden Armenier sanft über den Kopf. Die erste Armenierin kniet sich dazu.

Bild 10

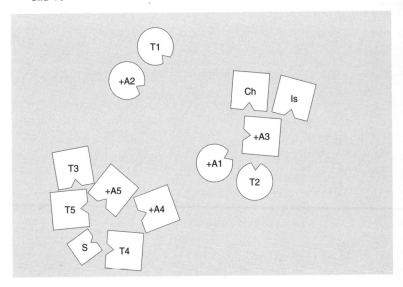

HELLINGER Da lasse ich es jetzt.
zu den Stellvertretern Dank euch allen.
zur Gruppe Dem darf man nichts hinzufügen. Ich möchte aber noch etwas dazu sagen.

Der Einzelne und seine Gruppe

Solange wir eingebunden sind in ein Kollektiv, also hier die Armenier, dort die Türken oder hier die Christen und dort die Mohammedaner, sehen wir sie als Mitglieder der anderen Gruppe und nicht als einzelne Personen. Dann steht ein Kollektiv dem anderen Kollektiv gegenüber, und beide sind blind für den Einzelnen. Sie sind gefangen in ihrer Gruppenseele. Wenn es gelingt, den Einzelnen zu sehen, ist Begegnung möglich von Mensch zu Mensch.

Was hier auch deutlich wurde: Erst dann kann man gemeinsam die Opfer anschauen und gemeinsam um sie trauern. Dann gibt es keine Armenier mehr und keine Türken, und keine Christen mehr und keine Mohammedaner. Dann gibt es nur noch Menschen.

Die Befreiung

HELLINGER *zur Klientin* Etwas ist noch ungelöst. Bei dir ist es noch nicht gelöst. Ich mache noch etwas mit dir, etwas ganz Einfaches.

Hellinger lässt die Stellvertreterinnen für die zweite Armenierin und die zweite Türkin sich nebeneinander stellen.

HELLINGER *zur ersten Stellvertreterin* Du vertrittst die Armenier, die Christen und die Opfer.
zur zweiten Stellvertreterin Du vertrittst die Türken, die Mohammedaner und die Täter.

Bild 11

+A2   Armenier, Christen, Opfer
T2   Türken, Mohammedaner, Täter

HELLINGER *zu diesen Stellvertreterinnen* Jetzt schaut euch an.

Die Stellvertreterin der Armenier beginnt zu weinen, schaut auf den Boden, dann kurz zur Stellvertreterin der Türken und wieder weg. Die Stellvertreterin der Türken schaut die Armenierin unentwegt an. Die Stellvertreterin der Armenier kämpft lange mit sich. Sie stellt sich der Türkin gegenüber, schaut sie aber immer noch nicht richtig an.

HELLINGER *zur Gruppe* Wo ist hier die Aggression? Sie ist beim Opfer. Sie verweigert sich der Versöhnung.

Nach einer Weile wird die Armenierin ruhiger. Hellinger führt sie sanft vor die Türkin.

Bild 12

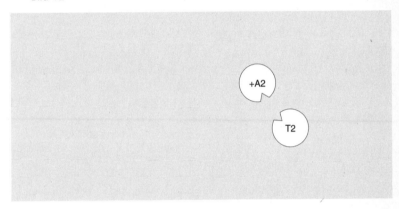

Nach einer Weile lächelt die Armenierin der Türkin zu, beginnt aber sofort wieder zu weinen und die Augen zu schließen. Dann legen beide ihre Stirn aneinander. Die Armenierin weint noch immer.

HELLINGER Dieses Weinen ist eine Form der Aggression.

Nun nehmen sich beide bei den Händen und schauen sich an. Sie lächeln sich zu und stellen sich nebeneinander. Sie halten sich bei den Händen.

Hellinger führt nun die Klientin vor diese beiden Stellvertreterinnen und lässt sie sich mit dem Rücken an sie anlehnen. Diese legen ihr je eine Hand auf die Schultern.

Bild 13

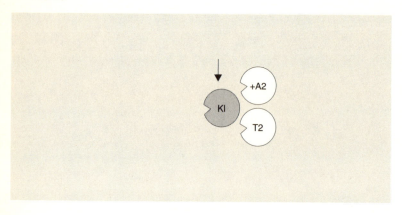

Kl   Klientin, vorher die erste Türkin

HELLINGER *zur Klientin* Mach die Augen zu. Jetzt lässt du die Täterenergie und die Opferenergie in deiner Seele zusammenfließen, bis sie zu einer Einheit werden.

Die Klientin atmet tief und fasst sich mit den Händen an den Hals. Dann fasst sie sich an den Magen und atmet laut aus. Nach einer Weile kommt sie zur Ruhe. Sie greift nach den Händen der beiden auf ihren Schultern und hält sie fest.

HELLINGER Tief atmen. Lass beides in dir zusammenfließen.

Die Klientin atmet tief und lacht dabei.

HELLINGER Du darfst ruhig lachen. Das ist die Befreiung. Weiter tief atmen.

HELLINGER *nach einer Weile* Nun dreh dich um und nimm die beiden in den Arm.

Bild 14

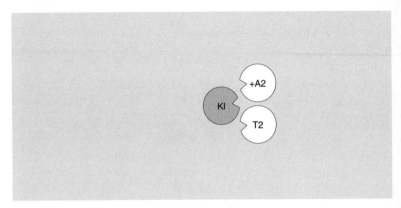

Alle drei umarmen sich innig. Dann nehmen sie sich bei den Händen und lachen sich an.

HELLINGER *zur Klientin* Jetzt brauchst du keine Angst mehr zu haben, schizophren zu werden.

Hellinger nimmt sie kurz in den Arm. Dann löst sie sich.

HELLINGER *zur Klientin* Und jetzt? Vergiss es!

Meditation: Die Opfer der Christen – die Opfer der Mohammedaner

HELLINGER *zur Gruppe* Macht die Augen zu. Legt eure Sachen weg. Ich mache jetzt mit euch eine Meditation. Sammelt euch in eurer Mitte und geht mit mir ins Reich der Toten.

Wir schauen auf die Opfer, auf die Opfer der Christen wie hier in Konstantinopel und später in Jerusalem bei den Kreuzzügen und auf die Opfer der Türken und der Mohammedaner, zum Beispiel auf die Armenier und die Griechen. Im Reich der Toten liegen sie alle zusammen, die Opfer der einen Seite und die Opfer der anderen Seite.

Neben ihnen liegen die Täter, die Täter der einen Seite, die Täter der anderen Seite. Man kann sie nicht mehr von den Opfern unterscheiden. Alle sind tot.

Dann stellen wir uns vor, sie alle stehen auf, ein riesiges Heer, und wenden sich zum Horizont. Dort leuchtet ein fernes noch verborgenes Licht. Alle verneigen sich gemeinsam vor diesem fernen verborgenen Licht, und wir verneigen uns mit ihnen.

Dann ziehen wir uns langsam zurück und lassen sie in dieser tiefen Verneigung. Vielleicht legen sie sich auf den Boden ausgestreckt hin zu diesem fernen verborgenen Licht und bleiben so. Während wir uns zurückziehen und sie nur noch von ferne wahrnehmen, lösen sie sich auf in etwas Größeres, jenseits des Menschlichen – in ein ewiges Urvergessen.

Dann kommen wir zurück in unsere Mitte, öffnen die Augen dem Licht, lassen die Toten hinter uns und schauen ins Leben.[*]

Griechen und Türken[**]

In den letzten Jahren ist mir etwas deutlich geworden. Wo es in einer Familie Mörder gab, solche, die verantwortlich waren für den Tod von anderen oder die den Tod von anderen heimlich gebilligt haben, gehören sie zu ihren Opfern. Man muss sie ziehen lassen zu ihren Opfern. Wenn sie selbst es nicht tun, macht es für sie später ein Kind.

Umgekehrt, wo es in einer Familie Opfer gab, gehören deren Mörder zum System. Wenn sich also die Nachkommen der Opfer über die Täter erheben, ihnen Vorwürfe machen, sie bekämpfen, wird später ein anderer zum Täter und zeigt Täterenergie. In vielen jüdischen Familien findet sich ein Kind mit Täterenergie, und natürlich finden wir so etwas in anderen Zusammenhängen auch. Es müssen also die Täter in das System mit aufgenommen werden. Nur so gibt es Frieden.

Wenn es in einer Familie sowohl Täter gab wie Opfer, ist jemand mit beiden gleichzeitig identifiziert. So jemand wird dann oft schizophren. Erst wenn in der Familie beide, die Opfer und die Täter, aufgenommen sind und zueinander finden und zueinander finden dürfen,

---

[*] Diese Aufstellung ist dokumentiert auf dem Video: Bert Hellinger: Der Friede. Was die Entzweiten wieder vereint. Deutsch/Türkisch.
[**] Aus einem Kurs in Athen, September 2002.

hört die Identifizierung mit dem einen und dem anderen auf, und die Schizophrenie wird geheilt.

Ich bringe ein griechisches Beispiel. Der Affekt, den viele Griechen gegenüber den Türken zeigen, ist ja der gleiche, den die türkischen Täter hatten, als sie die Griechen vertrieben. Es ist genau der gleiche Affekt. Durch die Wut auf die Türken wird man den Türken von damals gleich.

Russland und Deutschland

Vorbemerkung

Eine Russin deutscher Abstammung, die nach Deutschland ausgewandert ist, weiß nicht, ob sie mehr nach Deutschland oder nach Russland gehört. Die folgende Aufstellung während der Internationalen Arbeitstagung zu Systemaufstellungen in Würzburg im Mai 2001 bringt ans Licht, dass sie zu Russland gehört. Diese Aufstellung zeigt zugleich, zu welchen Konflikten es führt, wenn ein Gastland nicht gewürdigt wird.
Als das eigentliche Thema der Aufstellung zeigt sich, was der Versöhnung der Russen mit den Deutschen noch an Achtung und Reue vonseiten der Deutschen vorausgehen muss.

Der Schmerz

HELLINGER *zur Klientin* Was ist bei dir?
KLIENTIN Ich möchte einen Konflikt lösen, der bei mir innerlich schon lange schwelt. Ich bin Russlanddeutsche, geboren in Kasachstan, und bin seit neun Jahren in Deutschland. Der Konflikt besteht darin, dass für mich in Kasachstan, in meiner Heimat, wo ich geboren bin, ganz klar war, dass ich Deutsche bin und dass ich dementsprechend auch behandelt wurde. Jetzt bin ich hier, und es für mich nicht mehr so klar.
HELLINGER Ist dein Vater deutschstämmig?
KLIENTIN Ja.
HELLINGER Und die Mutter?
KLIENTIN Auch.
HELLINGER Wie ist es bei den Großeltern?
KLIENTIN Sie sind auch beiderseits deutschstämmig. Ich möchte noch sagen, dass meine Familie sehr verfolgt wurde. Mein Großvater väterlicherseits starb in einem Arbeitslager für Russlanddeutsche. Die Eltern meiner Mutter sind erst nach fünf Jahren getrennten Aufenthaltes in solchen Arbeitslagern nach Hause gekommen. Während dieser

ganzen Zeit wussten sie nichts voneinander. Meine Mutter war zu dieser Zeit drei Jahre alt.
HELLINGER Ich glaube, das genügt, um zu arbeiten.
zur Klientin Ich fange mit deinen Großeltern an.

Die Klientin wählt Stellvertreter für ihre Großeltern aus, und Hellinger stellt sie als Paare nebeneinander.

Bild 1

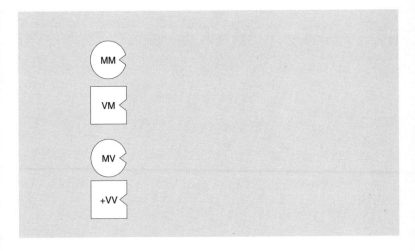

+VV   Vater des Vaters, starb in einem Arbeitslager
MV   Mutter des Vaters
VM   Vater der Mutter
MM   Mutter der Mutter

HELLINGER *zur Klientin* Jetzt stellen wir noch jemand für Russland auf.
als die Klientin eine Frau als Stellvertreterin für Russland auswählt Das ist Mütterchen Russland.

Hellinger stellt die Stellvertreterin für Russland den Großeltern gegenüber.

Bild 2

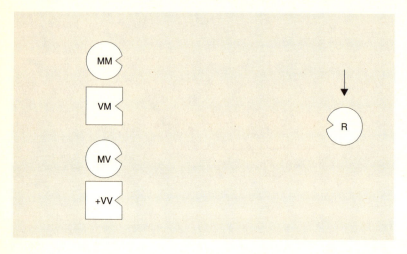

R   Russland

Russland und die Großeltern stehen sich lange gegenüber und schauen sich an. Der Vater des Vaters legt den Arm um seine Frau. Diese lehnt den Kopf an ihn. Dann wählt Hellinger drei Vertreter für deutsche Soldaten aus und stellt sie dazu.

Bild 3

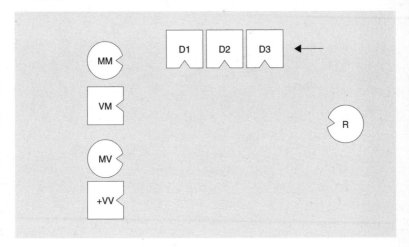

D1   Erster deutscher Soldat
D2   Zweiter deutscher Soldat
D3   Dritter deutscher Soldat

Die Eltern des Vaters umarmen sich fest. Russland schaut zu den deutschen Soldaten und beginnt zu zittern. Auch die Eltern des Vaters schauen gebannt auf die deutschen Soldaten. Nach einer Weile lösen sie ihre Umarmung. Russland beugt sich nach vorn und schaut auf den Boden, dann wieder zu den deutschen Soldaten. Danach geht die Stellvertreterin von Russland langsam auf die Knie, setzt sich auf ihre Fersen, schaut wieder zu den deutschen Soldaten und beginnt heftig zu schluchzen. Dann beugt sie sich nach vorn und schaut währenddessen immer wieder zu den deutschen Soldaten.

Die Mutter der Mutter geht langsam auf Russland zu. Als sie nah herangekommen ist, fällt Russland seitlich zu Boden, mit dem Blick auf die deutschen Soldaten.

Bild 4

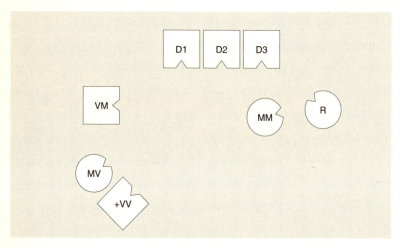

Die Mutter der Mutter bleibt stehen, schaut zu den deutschen Soldaten und geht langsam wieder zurück.

Russland streckt eine Hand nach dem dritten deutschen Soldaten aus, der dauernd auf den Boden schaut. Die Stellvertreterin kriecht näher zu ihm, richtet sich etwas auf und schaut zu ihm hinauf. Dieser beugt sich langsam immer tiefer und geht in die Knie. Als er hinzufallen droht, legt Russland den Arm um ihn und hält ihn fest. Er legt seinen Kopf an ihre Brust.

Bild 5

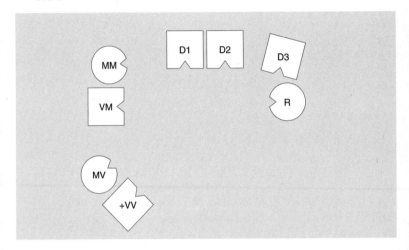

Russland schaut zu den anderen deutschen Soldaten. Auch der zweite deutsche Soldat geht auf die Stellvertreterin von Russland zu, stellt sich hinter sie, legt die eine Hand auf ihren Kopf und die andere an sein Herz.

Der dritte deutsche Soldat sinkt langsam zu Boden. Russland bleibt ihm zugewandt.

Bild 6

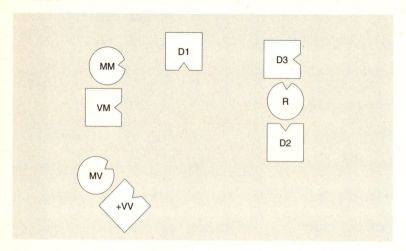

Der zweite deutsche Soldat atmet tief. So, als halte er den Schmerz nicht aus, wendet er sich ab und geht soweit wie möglich an den Rand, als wolle er dem entfliehen.

Bild 7

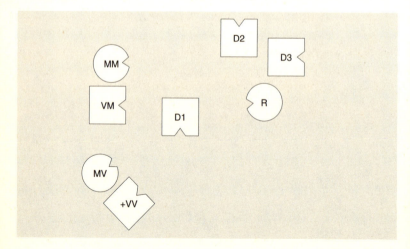

Nun kommt auch der erste deutsche Soldat näher und legt sich zwischen Russland und den Großeltern der Klientin mit dem Rücken auf den Boden. Russland geht näher auf ihn zu, schaut aber dann nach dem zweiten deutschen Soldaten, der versucht hat wegzugehen.

Hellinger geht zu ihm hin, nimmt ihn bei der Hand und führt ihn wieder vor Russland.

Bild 8

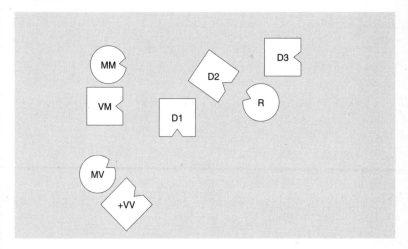

Der zweite deutsche Soldat geht vor Russland auf die Knie und setzt sich auf seine Fersen. Russland rutscht auf den Knien näher zu ihm. Der dritte deutsche Soldat richtet sich auf und setzt sich neben den zweiten deutschen Soldaten. Er will eine Hand nach Russland ausstrecken, wagt es aber nicht und zieht sie wieder zurück. Beide deutsche Soldaten verneigen sich vor Russland tief bis auf den Boden, wobei der zweite deutsche Soldat den Arm um den dritten hält.

Die Stellvertreterin von Russland steht auf und schaut zu den Großeltern hinüber. Diese neigen den Kopf vor ihr, vor allem der Vater der Mutter verneigt sich tief. Dann wendet sich Russland wieder den beiden vor ihr knienden Soldaten zu.

Bild 9

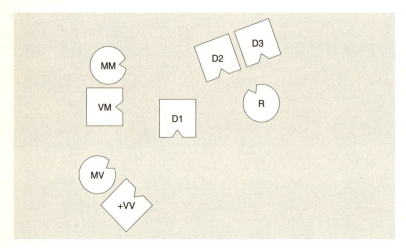

Hellinger stellt nun die Klientin ins Bild, Russland gegenüber.

Bild 10

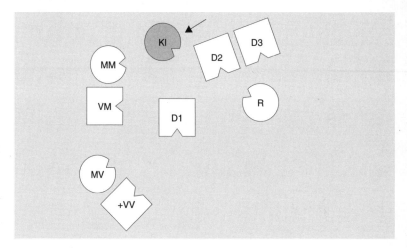

Kl   Klientin

HELLINGER *zur Klientin* Schau Russland an. Schau hin. Sag ihr: »Jetzt bin ich eine Russin.«
KLIENTIN *schüttelt den Kopf* Das kann ich nicht.
HELLINGER Probiere es mal, das macht ja nichts.

Sie kämpft sehr mit sich. Dann sagt sie sehr bewegt:

KLIENTIN Jetzt bin ich eine Russin.
HELLINGER *zum Vater des Vaters* Was war bei dir, als sie das gesagt hat?
VATER DES VATERS † Es wurde weiter in der Seele bei mir.
HELLINGER *zur Mutter des Vaters* Bei dir?
MUTTER DES VATERS Auch leichter.
VATER DES VATERS † Und stolz.
MUTTER DES VATERS Ich kann sie gerne gehen lassen. Es ist sonst zu viel Gewalt.
VATER DES VATERS † Erlöst.
HELLINGER *zum Vater der Mutter* Bei dir?
VATER DER MUTTER Wir haben kein Recht, dort zu sein.

MUTTER DER MUTTER Ich habe eben gedacht: »Hoffentlich schafft sie es, das zu sagen.« Für mich ist das sehr ergreifend. Ich gehöre dahin.

Russland stellt sich nun der Klientin nahe gegenüber, geht ganz langsam, zentimeterweise auf sie zu. Diese sperrt sich noch, hält ihre Hände vor dem Unterleib verschränkt. Sie will sich wegwenden, legt eine Hand auf ihren Mund und schaut zu Boden. Dann geht sie in die Knie und verbeugt sich tief.

Bild 11

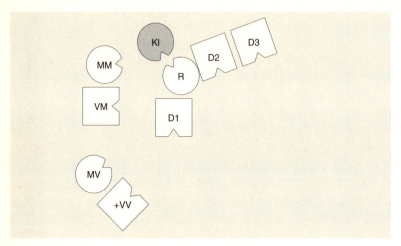

Russland beugt langsam zu ihr hinunter, streichelt ihr über den Rücken, nimmt sie in ihre Arme. Die Klientin schluchzt laut.

HELLINGER *nach einer Weile* Wie geht es dir jetzt?
KLIENTIN Ich bin total irritiert. Sie gibt mir das Gefühl von Trost, aber es stimmt nicht.
HELLINGER Ich unterbreche es hier.

zur Gruppe Etwas Wichtiges ist hier zum Ausdruck gekommen. Minderheiten müssen sich dem Land, in das sie aufgenommen wurden, unterwerfen und einfügen. Alles andere wirkt sich schlimm aus. Hier heilt Demut. Okay, das war's dann.*

---

* Diese Aufstellung ist dokumentiert auf dem Video: Bert Hellinger: Bewegungen auf Frieden hin. Movements Towards Peace. Deutsch/Englisch.

Vortrag in Moskau

Vorbemerkung

Im September 2001, war ich am Vortag eines Kurses über das Familien-Stellen zu einem Vortrag am Psychologischen Institut der Universität Moskau eingeladen, zu dem neben Studenten und Professoren auch viele Gäste kamen. Der Andrang war so groß, dass viele auf dem Boden sitzen oder stehen mussten.

Was trennt und was versöhnt

HELLINGER Ich fühle mich sehr geehrt, hier in diesem berühmten Institut zu Ihnen sprechen zu dürfen, und ich habe die Einladung gerne angenommen. Ich habe mir überlegt, über was ich hier am ehesten sprechen soll, und mir gedacht, am besten rede ich über das, was trennt, und das, was versöhnt, was das, was sich als entgegengesetzt betrachtet, versöhnt.

Wissenschaftliche und phänomenologische Psychotherapie

Zuerst möchte ich etwas sagen über die wissenschaftliche Psychotherapie und die phänomenologische Psychotherapie. Die wissenschaftliche Psychotherapie ist sehr stark vertreten, zum Beispiel ist die Verhaltenstherapie eine wissenschaftliche Psychotherapie. Einer der Pioniere der Verhaltenstherapie war Pawlov. In St. Petersburg durfte ich in dem Institut sprechen, in dem er gelehrt hat.

Was heißt nun wissenschaftliche Psychotherapie? Die wissenschaftliche Psychotherapie hat die Vorstellung, dass man die Seele wie andere Erscheinungsformen der Natur behandeln kann, dass man also, wenn man herausgefunden hat, wie Menschen reagieren, sie entsprechend beeinflussen kann. Daher wird in der wissenschaftlichen Psychotherapie der Psychotherapeut oder der Psychologe aktiv, um mit wissenschaftlichen Methoden Menschen zu helfen, sich zu verändern. Dabei hat man die Vorstellung, dass man die Behandlungen auf gleiche oder ähnliche Weise wiederholen kann.

Diesem Ansatz ist die phänomenologische Psychotherapie in vieler Hinsicht entgegengesetzt. Was bedeutet hier phänomenologisch? Es bedeutet, dass sich der Psychotherapeut einer Vielzahl von Phänomenen aussetzt, ohne zwischen ihnen zu unterscheiden. Er setzt sich ihnen aus ohne Absicht, zum Beispiel auch ohne die Absicht zu heilen. Er wartet, bis ihm von den Phänomenen her das Wesentliche gezeigt wird. Er hat auch keine Furcht vor dem, was sich zeigt.

Ich bringe dazu ein Beispiel. Manchmal kommt ein Klient zum Psychotherapeuten, und es zeigt sich, dass er nicht mehr lange leben wird. Dann haben manche Psychotherapeuten Angst, ihm das zu sagen.

Ein Mann kam zu mir in einer Gruppe und sagte, er habe Krebs. Man konnte sehen, dass er nicht mehr lange zu leben hatte. Ich fragte ihn, was er von mir wolle, und er sagte, er möchte innerlich noch etwas mit seiner Mutter klären, etwas, das ihm in der Kindheit wehgetan hatte. Ich habe ihm gesagt: »Wozu noch das? Du hast doch nicht mehr lange zu leben.« Dann habe ich ihn die Augen zumachen lassen – er saß neben mir –, und ich habe ihm gesagt: »Stelle dir vor, der Tod steht vor dir, und verneige dich vor ihm ganz leicht.« Man konnte sehen, wie er innerlich lange mit sich rang. Doch dann rannen ihm die Tränen über die Wangen und er verneigte sich leicht. Ich habe ihn dabei ganz den Bewegungen seiner Seele überlassen, ohne in irgendeiner Weise einzugreifen. Nach etwa zehn Minuten öffnete er seine Augen. Ich habe ihn gefragt: »Wie geht es dir jetzt?« Er sagte: »Ich bin ruhiger.«

Das ist phänomenologische Psychotherapie. Ich greife nicht von außen ein. Ich erlaube seiner Seele, sich der Wirklichkeit zu stellen, wie sie ist. Es ist die Wirklichkeit, die wirkt, wenn sie ans Licht kommt und angeschaut wird.

»Ich bin eine Russin«

Bei der phänomenologischen Methode setzt man sich der Situation aus, wie sie ist, ohne Voraussetzung und ohne sich auf eine bestimmte Theorie zu stützen. Dann leuchtet aus der Situation das Wesentliche auf. Manchmal ist es nur ein Wort, und dieses Wort verändert alles.

Ich bringe ein Beispiel, das passend ist für hier. Vor ein paar Monaten habe ich bei einem Internationalen Kongress in Würzburg über Systemaufstellungen einen Tag lang das Familien-Stellen demonstriert. Eine Klientin sagte, sie stamme aus Kasachstan, wohne aber schon länger in Deutschland. Ich habe sie gefragt: Was ist in deiner Ursprungsfamilie passiert? Sie sagte, dass ihre Ahnen aus Deutschland stammten und nach Russland ausgewandert waren. Ein Großvater von ihr war in einem Arbeitslager umgekommen, und auch die anderen Großeltern hatten schwer gelitten.

Ich habe zuerst ihre Großeltern aufgestellt und ihnen eine Stellvertreterin für Russland gegenübergestellt. Danach habe ich drei Stellvertreter für deutsche Soldaten seitlich von Russland aufgestellt. Die Vertreterin von Russland – es war eigentlich eine Vertreterin für Mütterchen Russland – war sehr bewegt und voller Schmerz. Ein Stellvertreter der deutschen Soldaten stand ganz gerade und hat sich nicht bewegt. Doch langsam überkam ihn ein großer Schmerz, und er hat sich vor der Vertreterin von Russland tief verneigt. Die Vertreterin von Russland hat ihn in den Arm genommen.

Nun habe ich die Klientin dazugestellt und habe sie einen einzigen Satz sagen lassen. Das war ein phänomenologischer Satz. Kein Mensch wäre durch Überlegung auf diesen Satz gekommen. Ich habe sie zu Russland sagen lassen: »Ich bin eine Russin.« Zuerst hat sie sich dagegen gewehrt, aber dann hat sie diesen Satz gesagt: »Ich bin eine Russin.« In dem Augenblick ging es ihren Großeltern besser.

Warum war dieser Satz wichtig? Viele Deutsche, die vor langer Zeit nach Russland ausgewandert sind, haben sich geweigert, Russland, das sie aufgenommen hatte, als ihre neue Heimat anzuerkennen und für das zu danken, was sie von Russland bekommen haben.

Als die Frau diesen Satz gesagt hatte: »Ich bin eine Russin.«, hat sich in ihrer Seele etwas verändert. Heute Morgen kam die Therapeutin dieser Klientin zu mir – sie ist hier, weil sie mein Seminar besuchen will – und hat mir erzählt, wie sich dieser Satz im Leben der Klientin ausgewirkt hat. Sie war eine Geigerin, hat vom fünften Lebensjahr an Geige gespielt und war als Solistin ausgebildet. Doch seit sie nach Deutschland ausgewandert war, konnte sie nicht mehr Geige spielen. Einige Wochen nach der Aufstellung hat sie wieder angefangen, Geige zu spielen, hat ganz schnell aufgeholt und hat alle Prüfungen für ein Diplom im Geigenspiel bestanden. Die russische Seele war zu ihr zurückgekehrt.

Lautes Klatschen im Publikum.

Also, das ist phänomenologische Psychotherapie. Von keiner Theorie her hätte sich dieser Satz ableiten lassen. Doch weil ich mich dieser Situation unvoreingenommen ausgesetzt habe, kam mir dieser eine Satz. Und der hat genügt.

Vor einiger Zeit habe ich eine Geschichte geschrieben, in der ich den wissenschaftlichen und den phänomenologischen Erkenntnisweg vergleiche. Die Geschichte heißt:

Zweierlei Wissen

Ein Gelehrter fragte einen Weisen,
wie sich das Einzelne zu einem Ganzen fügt
und wie das Wissen um das Viele
sich vom Wissen um die Fülle
unterscheide.

Der Weise sagte:
»Das weit Verstreute wird zu einem Ganzen,
wenn es zu einer Mitte findet
und gesammelt wirkt.
Denn erst durch eine Mitte wird das Viele
wesentlich
und wirklich,
und seine Fülle erscheint uns dann als einfach,
fast wie wenig,
wie ruhige Kraft auf Nächstes hin,
die unten bleibt
und nahe dem, was trägt.

Um Fülle zu erfahren
oder mitzuteilen,
muss ich daher nicht alles einzeln
wissen,
sagen,
haben,
tun.

Wer in die Stadt gelangen will,
tritt durch ein einziges Tor.
Wer eine Glocke einmal anschlägt,
bringt mit dem einen Ton noch viele andere zum Klingen.
Und wer den reifen Apfel pflückt,
braucht dessen Ursprung nicht ergründen.
Er hält ihn in der Hand
und isst.«

Der Gelehrte wandte ein, dass wer die Wahrheit wolle
auch alle Einzelheiten wissen müsse.

Der Weise aber widersprach.
Nur von der alten Wahrheit wisse man sehr viel.
Wahrheit, die weiterführe,
sei gewagt
und neu.
Denn sie verbirgt ihr Ende
wie ein Keim den Baum.
Wer daher noch zu handeln zögert,
weil er mehr wissen will,
als ihm der nächste Schritt erlaubt,
versäumt, was wirkt.
Er nimmt die Münze
für die Ware,
und aus Bäumen
macht er Holz.

Der Gelehrte meinte,
das könne nur ein Teil der Antwort sein
und er bitte ihn
um noch ein bisschen mehr.

Der Weise aber winkte ab,
denn Fülle sei am Anfang wie ein Fass voll Most:
süß und trüb.
Und es braucht Gärung und genügend Zeit,
bis er sich klärt.

Wer dann, statt dass er kostet, trinkt,
beginnt zu schwanken.

Soweit zum Unterschied zwischen der wissenschaftlichen und der phänomenologischen Psychotherapie.

Das Gewissen

Über die phänomenologische Methode habe ich im Verlauf von sechs Jahren herausgefunden, wie das menschliche Gewissen wirkt. Wir finden ja weit verbreitet die Meinung: Wenn jemand seinem Gewissen folgt, tut er etwas Gutes. Viele meinen sogar, die Stimme des Gewissens sei die Stimme Gottes, die uns sagt, was wir zu tun haben. Ich habe aber gesehen, dass das so nicht stimmt.

Wenn wir zurückdenken an die Ereignisse der letzten Wochen, kann man sehen, dass die Menschen, die das World Trade Center in New York angegriffen haben, alle ihrem Gewissen gefolgt sind. Sie waren gewissenhaft. Sie waren ihrer Gruppe treu und sahen es von daher als gerechtfertigt an, auch viele unschuldige Menschen mit sich in den Tod zu reißen. Ihr Gewissen hat das gerechtfertigt. Ihr könnt auch im alltäglichen Leben beobachten: Wenn einer einem anderen sagt, hier folge ich meinem Gewissen, tut er dem anderen gewöhnlich etwas an, das ihm wehtut. Das Gewissen sagt uns also nicht, was gut und böse ist im Allgemeinen. Es sagt uns das nur innerhalb eines gewissen Rahmens. Was ist nun der Rahmen?

Man kann das Gewissen vergleichen mit dem Gleichgewichtssinn. Der Gleichgewichtssinn ist instinktiv. Mit Hilfe des Gleichgewichtssinns können wir aber etwas in Erfahrung bringen. Mit seiner Hilfe können wir sofort feststellen, ob wir fallen oder stehen. Wenn wir das Gleichgewicht verlieren, haben wir ein unangenehmes Gefühl, vergleichbar mit dem schlechten Gewissen. Dieses Gefühl ist so unangenehm und so mit Angst besetzt, dass wir unser Verhalten sofort ändern, damit wir das Gleichgewicht wiedergewinnen. Wenn wir das Gleichgewicht wiedergewonnen haben, fühlen wir uns gut. Dieses Gefühl ist vergleichbar mit dem guten Gewissen. Der Gleichgewichtssinn steuert uns also, ähnlich wie das Gewissen, durch Gefühle von Unlust und Lust.

Das Gewissen ist unser sozialer Gleichgewichtssinn. Wenn wir in der Familie etwas tun, was unsere Zugehörigkeit zu ihr gefährdet, haben wir ein schlechtes Gewissen. Das schlechte Gewissen ist so unangenehm, dass wir unser Verhalten ändern, damit wir wieder dazugehören dürfen. Wenn wir uns sicher sind, dass wir wieder dazugehören dürfen, haben wir ein gutes Gewissen.

Übrigens können wir dieses Verhalten, um mich hier auf Pawlov zu berufen, auch bei Hunden beobachten. Ein Hund weiß, dass er, wenn er etwas angestellt hat, seine Zugehörigkeit verlieren kann. Dann zieht er seinen Schwanz ein und geht weg.

Die verschiedenen Gewissen

Was ist nun die Funktion dieses Gewissens? Die Hauptfunktion des Gewissens ist, dass es uns an unsere Familie bindet und in ähnlicher Weise auch an andere Gruppen. In jeder Gruppe wissen wir genau, was wir tun müssen, damit wir dazugehören. Mit Hilfe des Gewissens können wir feststellen, ob wir dazugehören dürfen oder nicht. Deswegen unterscheidet sich das Gewissen von Gruppe zu Gruppe. In der Familie haben wir ein anderes Gewissen als im Beruf, in der Kirche ein anderes als am Stammtisch. In allen Gruppen wissen wir, was wir tun müssen, um dazuzugehören.

Wir sehen auch, dass die Gewissen von Mensch zu Mensch verschieden sind, weil jeder aus einer anderen Familie kommt. In einer christlichen Familie zum Beispiel haben die Mitglieder ein anderes Gewissen als in einer muslimischen Familie. Auch innerhalb der sozialen Schichten ist das Gewissen verschieden. Unter den Akademikern hat man ein anderes Gewissen als unter den Arbeitern. Wenn sich ein Arbeiter den anderen Arbeitern gegenüber verhalten würde wie ein Akademiker, würden sie ihn ausschließen. Und wenn ein Akademiker sich unter den Akademikern verhalten würde wie ein Arbeiter, würden sie ihn ausschließen. Das Gewissen ist also relativ.

Dass das Gewissen uns an eine Gruppe bindet, hat eine doppelte Wirkung. Weil es uns an die eine Gruppe bindet, trennt es uns von anderen Gruppen. Ich bringe dazu ein einfaches Beispiel.

Frieden in der Familie

Ein Mann und eine Frau verlieben sich, und weil sie sich so sehr lieben, heiraten sie. Beide müssen dabei etwas anerkennen. Der Mann muss anerkennen, dass er die Frau braucht, und die Frau muss anerkennen, dass sie den Mann braucht. Beide müssen anerkennen, dass ihnen fehlt, was nur der andere hat, und dass sie dem anderen etwas geben können, was sie haben und ihm fehlt. Wenn sie das anerkennen, kommt es zum Austausch zwischen ihnen. Aber nur wenn der Mann die Frau achtet als verschieden von ihm – fast in jeder Hinsicht verschieden – und wenn die Frau anerkennt, dass der Mann verschieden ist von ihr – fast in jeder Hinsicht verschieden –, und wenn sie, indem sie das gegenseitig anerkennen, offen sind für das, was der andere ihnen gibt, und bereit sind, dem anderen zu geben, was ihm fehlt. Das ist die Grundlage einer guten Paarbeziehung.

Wenn die Männer unter sich sind und über sich reden, reden sie oft so, als seien sie besser als die Frauen. Das Gleiche sieht man auch bei den Frauen. Wenn sie unter sich sind und über sich reden, reden sie oft so, als seien sie besser als die Männer. Wenn dann ein solcher Mann zu seiner Frau kommt und eine solche Frau zu ihrem Mann, was wird aus ihrer Paarbeziehung? Wenn der Mann sich verhält, als brauche er die Frau nicht und als sei er ihr überlegen, und wenn die Frau sich verhält, als brauche sie den Mann nicht und als sei sie ihm überlegen, dann ist es mit der Liebe zwischen ihnen fast vorbei. Also, beide müssen anerkennen, dass der andere, obwohl verschieden, ihnen ebenbürtig und gleichwertig ist. Das ist demütig. Aber es ist die Grundlage für eine gute Paarbeziehung.

Schwieriger wird es, wenn der Mann auf die Familie der Frau schaut und die Frau auf die Familie des Mannes. Sehr oft sagt dann der Mann: »Meine Familie ist besser«, und die Frau sagt: »Meine Familie ist besser.« Beide sagen das mit gutem Gewissen, denn durch das Gewissen sind sie an ihre Familie gebunden. Was passiert nun, wenn beide das sagen? Die Liebe leidet.

Später bekommen sie Kinder. Dann geht es darum, wie die Kinder erzogen werden. Dann sagt der Mann vielleicht: »Die Kinder müssen so erzogen werden, wie es in unserer Familie üblich war.« Und die Frau sagt: »Sie müssen so erzogen werden, wie es in unserer Familie üblich war.« Wie geht es dann den Kindern? Es geht ihnen schlecht.

Was müsste hier geschehen? Der Mann muss anerkennen, dass die Familie der Frau, obwohl anders, der seinen gleichwertig ist. Und die Frau muss anerkennen, dass die Familie des Mannes, obwohl anders, der ihren gleichwertig ist. Wenn sie aus zwei verschiedenen Kulturen oder aus zwei verschiedenen Religionen kommen, müssen beide anerkennen, dass die Kultur oder die Religion des anderen, obwohl anders, der ihren gleichwertig ist.

Das können sie aber nicht, ohne dass sie ein schlechtes Gewissen bekommen. Wenn sie auf ihr Gewissen hören, dann haben sie die Angst: Wenn sie das anerkennen, verlieren sie die Zugehörigkeit zu ihrer Familie. Der Fortschritt und der Friede in der Familie gelingen aber nur, wenn beide etwas von ihrem guten Gewissen hinter sich lassen, wenn beide bereit sind, sich schuldig fühlen. Wer nicht schuldig werden kann in diesem Sinn, der bleibt für immer ein Kind.

Frieden zwischen den Völkern

Auch zwischen den Völkern, zum Beispiel zwischen den Russen und den Deutschen, gelingt der Friede nur, wenn beide anerkennen, dass sie und die anderen, obwohl verschieden, gleichwertig sind. Nur so gibt es zwischen ihnen Frieden.

Solange man sagt »Wir Russen« oder »Wir Deutschen« werden die einzelnen Personen nicht angeschaut. Man sieht sie nur als Mitglieder ihrer Gruppe. Und weil man durch sein Gewissen an die eigene Gruppe gebunden ist, fühlt man sich in seiner Gruppe der anderen überlegen. Das trennt die beiden Gruppen. Was das in der Praxis bedeutet, erläutere ich an einem Beispiel.

Israelis und Palästinenser

Auf der Arbeitstagung über Systemaufstellungen in Würzburg waren auch ein Professor aus Israel und ein Professor aus den besetzten Gebieten anwesend. Sie hatten zusammen ein Friedensinstitut für den Nahen Osten gegründet. Sie versuchen, die beiden Gruppen, die Israelis und die Palästinenser, einander näher zu bringen, um so Versöhnung und Frieden zu stiften. Ein Weg dazu ist für beide, dass die eine Gruppe der anderen berichtet, wie sie ein bestimmtes Ereignis sehen, zum Beispiel dass die Palästinenser Israel verlassen mussten. Auf dieser Arbeitstagung haben sie davon berichtet, vor allem auch von der Angst vieler Israelis, dass die Palästinenser, wenn man ihnen die Rückkehr erlaubt, von ihnen zurückfordern würden, was ihnen weggenommen worden war. Während eines Workshops haben sie mich gebeten, mit meiner Methode zu zeigen, wie man hier vielleicht etwas lösen könnte.

Ich habe fünf Stellvertreter für die Palästinenser ausgewählt und dazu nur Juden genommen, damit sie sich einfühlen können in die Lage der Palästinenser. Ihnen gegenüber habe ich fünf Vertreter für die Israelis aufgestellt. Dann habe ich nichts Weiteres mehr gemacht.

Beim Familien-Stellen – und das ist ja ein Beispiel für das Familien-Stellen – fühlen die Stellvertreter nach kurzer Zeit genau wie die Personen, die sie vertreten, ohne dass sie etwas von ihnen wissen. Deswegen brauche ich nur wenig oder gar nicht einzugreifen. Sobald sie das fühlen, geschieht zwischen diesen Menschen etwas von selbst. Unter den Stellvertretern für die Palästinenser war eine Frau, die auf den Boden schaute. Aus langer Erfahrung weiß ich: das bedeutet, dass sie auf einen Toten schaut. Daher habe ich einen Mann als Stellvertreter für den Toten zwischen die beiden Gruppen gelegt. Es war aber nicht klar, ob er einen Palästinenser vertrat oder einen Israeli. Die Frau hat sich zu diesem Mann gekniet und hat um ihn geweint wie eine Mutter um ihr Kind. Eine Frau von den Israelis wollte hinüber zu den Palästinensern, aber die haben sie nicht aufgenommen und haben weggeschaut. Ganz langsam – es hat vielleicht zehn oder fünfzehn Minuten gedauert – sind die Vertreter der Palästinenser auf den Boden gesunken und waren voller Trauer.

Ein Vertreter der Israelis fiel plötzlich rückwärts auf den Rücken und schluchzte laut. Auch unter den Israelis entstand eine tiefe Trauer. Es wurde deutlich, beide Gruppen hatten große Erfahrungen mit Leid, die Israelis mit den vielen ihrer Ahnen, die im Zweiten Weltkrieg umkamen, und die Palästinenser mit all dem, was sie seit dem Zweiten Weltkrieg erlitten haben.

Dann habe ich die Aufstellung abgebrochen, und alle Teilnehmer konnten mitteilen, was sie erlebt hatten. Es war eindrucksvoll zu sehen, dass unter den Palästinensern niemand einen Anspruch an die Israelis stellte. Der einzige Anspruch, den sie hatten, war, sie wollten gesehen werden und es sollte gesehen werden, was sie gelitten hatten. Plötzlich sahen die Israelis das Leid der Palästinenser, und die Palästinenser sahen das Leid der Israelis. Sie konnten sich von Mensch zu Mensch in die Augen schauen. Und es war klar, von Mensch zu Mensch könnten ihre Probleme auf eine Weise gelöst werden, die beiden Gruppen einen neuen Anfang gestattet.

Nun, was ist hier geschehen? Beide Seiten konnten über die Grenzen ihres Gruppengewissens hinausgehen. Sie sahen sich auf einmal nicht mehr nur als Palästinenser oder als Israelis, sondern begegneten sich von Mensch zu Mensch. Und dann ist alles möglich.

Russen und Deutsche

Ich bringe noch ein Beispiel. In Berlin hatten wir vor einiger Zeit ein Seminar mit 900 Teilnehmern. Während des Seminars erzählte eine Klientin, dass ihr Vater Selbstmord begangen hatte. Er ist am Todestag seines Freundes, dessen Frau er nach dessen Tod geheiratet hatte, auf ein Geländer gestiegen und ist beim Balancieren abgestürzt. Diese Frau war die Mutter der Klientin.

Ich habe zuerst nur den Vater dieser Klientin aufgestellt. Er hat immer nach der einen Seite geschaut, und es war für mich klar, er schaute nach seinem toten Freund. Also habe ich einen Stellvertreter für diesen Freund dorthin gestellt. Dieser ging sofort zu Boden. Ich habe die Klientin gefragt, was die beiden früher gemacht haben, und die Klientin sagte, dass beide im Zweiten Weltkrieg Offiziere waren in Russland.

Dann habe ich diesen beiden gegenüber sechs Stellvertreter für russische Soldaten aufgestellt und ihnen gegenüber, auf der anderen Seite, sechs Stellvertreter für deutsche Soldaten. Einige fielen sofort zu Boden, als seien sie erschossen worden, ein anderer griff sich an die Schulter, als hätte ihn dort ein Schuss getroffen. Dann ging einer der Stellvertreter für die russischen Soldaten langsam auf den Stellvertreter des Vaters dieser Klientin zu. Sie maßen sich mit den Blicken – es war wie ein Zweikampf. Nach einiger Zeit ging der deutsche Offizier zu Boden und der andere zog sich langsam zurück.

Ich habe die Aufstellung hier unterbrochen und die Teilnehmer von beiden Seiten gefragt, was sie erlebt hatten. Der russische Offizier sagte: »Ich habe gesiegt. Ich wusste, ich hatte alles daran zu setzen, um den zu besiegen. Aber wenn ich jetzt zurückschaue, frage ich mich: Wozu? Was hat der Sieg uns allen am Ende gebracht?« Zwischen den Soldaten auf beiden Seiten spürte man die gegenseitige Achtung. Beide

Seiten sahen, sie waren treu ihrem Land. Durch diese Treue waren sie vom menschlichen Empfinden für die anderen getrennt. Doch als sie sich angeschaut haben, konnten sie sich gegenseitig achten.

Das gemeinsame Leid auf beiden Seiten, die Anerkennung dieses Leids, führten dazu, dass sie gemeinsam trauern konnten über das, was die Menschen auf der einen und der anderen Seite erlitten haben, die Freunde und die Feinde. Das hat sie miteinander versöhnt.

Japan und die USA

Vorbemerkung

In Kyoto, während eines Kurses im Oktober 2001, bat eine junge Frau um Hilfe, die Angst hatte, ihre Familie zu besuchen, weil sie sich für gefährlich hielt. Es stellte sich heraus, dass sie mit der Atombombe identifiziert war, durch die ihr Großvater in Hiroshima umgekommen war. Als sie ihrem Großvater einen Platz in ihrem Herzen geben konnte, fühlte er sich sehr erleichtert. Offensichtlich werden die Opfer der Atombombe in Japan von vielen zwar erinnert, aber nicht wirklich betrauert. Doch erst, wenn die Japaner selbst über die Opfer der Atombombe wirklich trauern, können es auch die Amerikaner tun. Erst die gemeinsame Trauer um diese Toten würde sie wirklich miteinander versöhnen. Zuvor müssen auch die Japaner auf die Opfer ihrer Kriegsführung schauen und um sie trauern. Dann erst können auch die USA auf die Opfer ihrer Kriegsführung in Japan schauen und gemeinsam mit den Japanern um sie trauern.

Hiroshima

Hellinger schaut die Klientin, die sich neben ihn gesetzt hat, erst lange an. Sie ist unruhig und wischt sich öfters die Tränen ab.

HELLINGER *nach einer Weile* Um was geht es bei dir?

KLIENTIN Ich habe Angst, meine Familie zu besuchen. Es gibt keinen Anlass und keinen Grund, warum ich Angst davor habe. Ich habe das Gefühl, ich bin gefährlich für sie und bringe ihnen Unglück.

HELLINGER *zur Gruppe* Aus dem, was sie gesagt hat, würde ich schließen, dass etwas Wichtiges in ihrer Familie passiert ist und dass sie mit einer anderen Person identifiziert ist.
zu Chethna Kobayashi, der Organisatorin dieses Kurses Hast du Informationen darüber, was in ihrer Familie passiert ist?

CHETHNA Ihr Großvater starb beim Atombombenangriff auf Hiroshima.

HELLINGER *zur Klientin* Ist sonst noch etwas passiert?

KLIENTIN Der Großvater, der beim Atombombenangriff starb, ist der Vater meines Vaters.
HELLINGER Wo war dein Vater, als sein Vater starb?
KLIENTIN Mein Vater war noch nicht zurück vom Krieg, und so entkam er dem Angriff.

Hellinger wählt einen Stellvertreter für den Großvater aus und stellt ihm einen Stellvertreter für die Atombombe gegenüber.

Bild 1

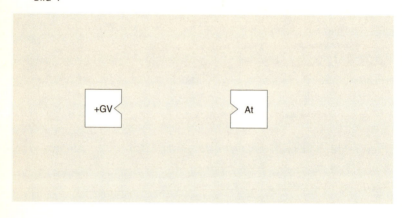

+GV   Großvater, starb beim Atombombenangriff auf Hiroshima.
At   Atombombe

Der Großvater schwankt und droht nach hinten zu fallen. Er geht einige Schritte zurück, Nach einer Weile stellt Hellinger die Klientin neben die Atombombe.

Bild 2

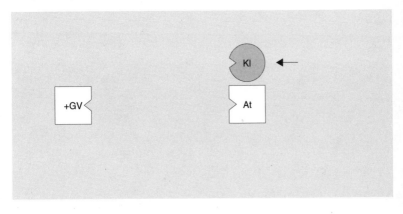

Kl   Klientin

Der Großvater schwankt weiterhin und geht dann einen Schritt nach vorn. Die Klientin zieht sich langsam zurück und stellt sich hinter die Atombombe. Der Großvater geht noch etwas näher, geht vor der Atombombe in die Knie und fällt dann zur Seite auf den Boden.

Die ganze Zeit bleibt die Atombombe unbewegt stehen. Die Klientin weint.

Bild 3

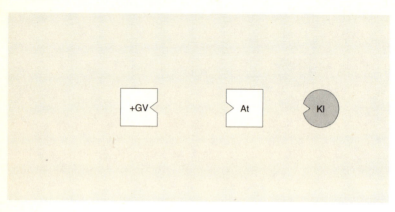

HELLINGER *nach einer Weile zur Atombombe* Geh mit deiner Bewegung.

Nach einer Weile geht die Atombombe in die Knie und setzt sich auf ihre Fersen. Die Klientin ist weiter zurückgegangen. Dann neigt die Atombombe leicht den Kopf.

HELLINGER *zur Atombombe* Geh mit deiner Bewegung.

Die Atombombe verneigt sich tief.

HELLINGER *nach einer Weile zur Atombombe* Du musst den Toten anschauen.

Nach einer Weile richtet sich die Atombombe auf und hält die eine Hand vor die Augen.

HELLINGER *zur Klientin* Geh auch mit deiner Bewegung.

Sie geht ganz langsam zu ihrem Großvater und kniet sich neben ihn. Nun schaut auch die Atombombe auf den toten Großvater. Die Klientin rutscht etwas zurück und legt sich neben den Großvater.

Bild 4

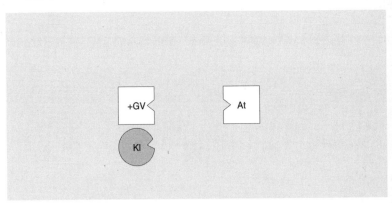

Hellinger bittet nun die Atombombe, sich neben den Großvater zu legen. Die Klientin bittet er aufzustehen und führt sie etwas zur Seite.

Bild 5

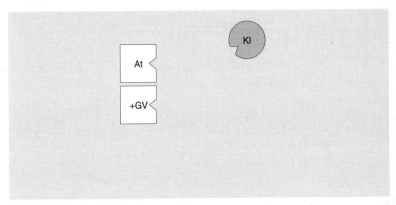

HELLINGER *zur Atombombe* Wie geht es dir hier?
ATOMBOMBE Ich fühle mich, als ob ich schwebe.
HELLINGER *zum Großvater* Bei dir?
GROSSVATER † Ich möchte gehen, doch ich kann nicht. Etwas ist noch nicht abgeschlossen.

Hellinger dreht der Atombombe den Kopf zur Seite und bittet sie, den Großvater anzuschauen. Auch den Großvater lässt er zur Atombombe schauen. Beide blicken sich lange an.

HELLINGER   Hier lasse ich es.

zur Klientin Wie geht es dir?
KLIENTIN   Als die beiden nebeneinander lagen, habe ich mich ruhig gefühlt. Als sie sich aber angeschaut haben, konnte ich kaum atmen.
HELLINGER   Ich lasse es hier.
zu den Stellvertretern Danke euch allen.

zu Chethna Das war eine seltsame Aufstellung.
zur Klientin Mit wem warst du identifiziert?
KLIENTIN   Mit dem Großvater.
HELLINGER   Mit der Bombe.

Die Klientin schaut erst etwas ratlos. Dann geht ihr offensichtlich ein Licht auf. Sie lächelt verlegen und bedeckt ihr Gesicht mit der rechten Hand.

KLIENTIN   *nach einer Weile, immer noch verlegen lachend* Ich verstehe das nicht.
HELLINGER   Du verstehst es genau. Wir sehen es an deinem Gesicht.

Beide lachen sich an.

KLIENTIN   Das ist also der Grund, warum ich hierher gekommen bin, weil ich mit der Bombe identifiziert bin.
HELLINGER   Ja.
zur Gruppe Deswegen meint sie, dass sie für ihre Familie gefährlich sei.

Die Klientin nickt und weint.

Hellinger ruft nochmals den Stellvertreter für den Großvater herbei und stellt die Klientin vor ihn. Sie schaut ihn an und weint. Dann bedeckt sie ihr Gesicht mit der Hand.

Bild 6

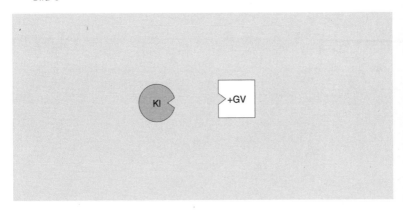

HELLINGER Geh zu ihm und schau ihn an.

Sie geht langsam auf ihn zu und legt ihren Kopf an seine Brust. Der Großvater legt sachte die Arme um sie. Er streichelt ihr über den Kopf. Die ganze Zeit schluchzt sie laut und lässt die Arme dabei hängen. Erst nach einer Weile wagt auch sie es, ihre Arme um ihn zu legen. Sie verbleibt so noch lange. Dann löst sie sich von ihm.

HELLINGER *nach einer Weile, als sie immer noch schluchzt* Jetzt kannst du es wagen, nach Hause zu gehen.

Sie nickt, weint aber noch immer. Der Großvater streichelt ihr kurz über beide Wangen. Dann geht sie vor ihm in die Knie und verneigt sich tief. So verbleibt sie lange.

HELLINGER *als sie sich aufrichtet und zum Großvater hinaufschaut* Sag ihm: »Du hast einen Platz in meinem Herzen.«
KLIENTIN Du hast einen Platz in meinem Herzen.

Der Großvater nickt und atmet tief.

HELLINGER Siehst du, wie es die Toten erleichtert, wenn wir ihnen einen Platz in unserem Herzen geben?

Sie nickt.

HELLINGER Okay, das war's dann.

zur Gruppe Ich frage mich, ob die Japaner den Opfern der Atombombe wirklich einen Platz in ihrem Herzen gegeben haben. Es macht zu große Angst, sie alle anzuschauen, jeden Einzelnen von ihnen, und wirklich um sie zu trauern. Sich ihrer nur zu erinnern, ist zu wenig. Man muss wirklich um sie trauern. Wenn das den Japanern gelingt, dann können vielleicht auch die Amerikaner um sie trauern. Dann könnten die beiden Völker sich wirklich miteinander versöhnen.

zur Klientin Wie geht es dir jetzt?
KLIENTIN Ich fühle mich klar.
HELLINGER Und jetzt gehst du nach Hause!
KLIENTIN Danke.

Etwas später

Was der Versöhnung zwischen Japan und den USA noch vorausgehen muss

TEILNEHMERIN Ist es möglich, auch politische Probleme auf diese Art zu lösen? Da eine Aufstellung nur eine einzelne Person und eine einzelne Familie erreicht, wie oft muss so etwas wiederholt werden, bis es sich in der Öffentlichkeit auswirkt und dadurch auch Spannungen zwischen Völkern abgebaut werden können?
HELLINGER Ich bin mir bewusst, dass ich nicht die Macht habe, mit Hilfe der Aufstellungsarbeit die Politik zu beeinflussen und politische Fragen zu lösen. Ich arbeite nur mit Einzelpersonen, zum Beispiel habe ich hier nur mit der Klientin und ihrem Großvater gearbeitet. Ich wollte nur für sie eine Lösung finden. Manchmal tauchen in einer Aufstellung auch politische Fragen und Probleme auf, aber immer in Verbindung mit einzelnen Personen. Dann kann man in einer Aufstellung sehen, was auch zwischen Völkern notwendig oder hilfreich ist. Aber nur auf der Ebene der Seele, nicht auf der Ebene von politischem Handeln.

Doch wenn sich für diese Fragen in vielen Aufstellungen Lösungen ergeben haben, können sie nach einiger Zeit vielleicht auch politisches

Handeln beeinflussen. Doch liegt das nicht in meiner unmittelbaren Absicht.

In dieser Aufstellung blieb vieles im Dunkeln. Ich habe es nicht weiterverfolgt. Hier ging es vordergründig um Täter und Opfer. Der Großvater war ein Opfer, und die Bombe war ein Täter. Sie haben sich in typischer Weise wie Täter und Opfer verhalten. Das Opfer geht zu Boden, und der Täter schaut auf das Opfer und bewegt sich auf das Opfer zu.

Doch plötzlich zeigte sich hier noch etwas anderes. Der Großvater war ein Stellvertreter der Japaner, und die Bombe wurde zur Vertreterin der Vereinigten Staaten. Dadurch kam es zu einer Verschiebung im Bild. Hier lagen nicht nur ein Opfer und ein Täter beieinander. Auf einmal gab es zwei Täter, denn Japan war auch ein Täter, nicht nur gegenüber den Vereinigten Staaten, sondern auch gegenüber vielen anderen Völkern. Daher darf man das hier nicht nur unter dem Blickwinkel von Täter und Opfer betrachten.

Wir können diese Aufstellung noch einmal aufgreifen und sie um diesen Aspekt erweitern.

Hellinger bittet den Vertreter für den Großvater und den Vertreter für die Atombombe nach vorn und stellt sie nebeneinander, diesmal als Vertreter für Japan und die USA Ihnen gegenüber stellt er vier Vertreter für die Opfer Japans und vier Vertreter für die Opfer der USA, hier also vor allem die Opfer der Atombombe von Hiroshima und Nagasaki.

Bild 7

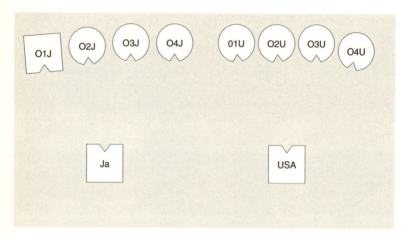

Ja	Japan
USA	USA
O1J	Erstes Opfer der Japaner usw.
O1U	Erstes Opfer der USA usw.

Nach einiger Zeit legt der Vertreter von Japan seine linke Hand an seinen Bauch. Das dritte Opfer der Japaner schwankt heftig. Später sinkt es zu Boden. Der Vertreter von Japan ist sehr bewegt, schwankt, als habe er große Schmerzen und geht dann in die Knie. Er verneigt sich tief und fällt seitlich zu Boden.

Das dritte Opfer der USA beugt sich tief nach vorn, weint und sinkt zu Boden. Auch das erste und das zweite Opfer der USA sinken zu Boden. Das vierte Opfer der USA geht in die Hocke.

Der Vertreter der USA steht lange unbewegt. Dann legt er seine Hand vor die Brust und geht in die Knie. Er beugt sich nach vorn und stützt sich auf seine Hände. Er beugt sich noch weiter nach vorn und hält seine linke Hand an die Stirn.

Bild 8

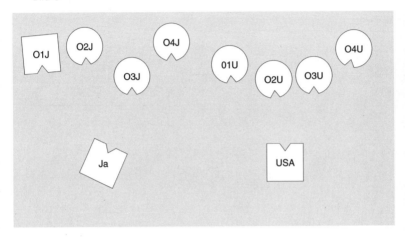

Hellinger lässt nun die Vertreter von Japan und den USA aufstehen und stellt sie einander gegenüber.

Bild 9

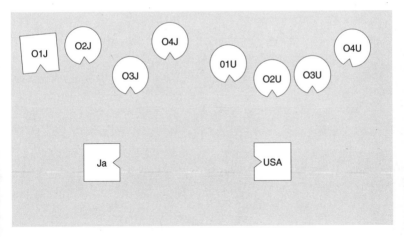

Hellinger stellt sie näher zu ihren Opfern und bittet sie, sich anzuschauen.

Bild 10

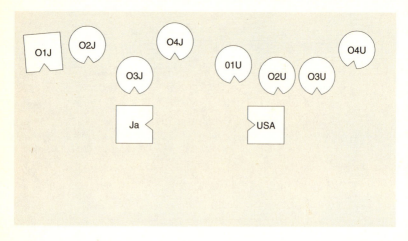

Nach einer Weile stellt Hellinger sie nebeneinander vor die Opfer und bittet sie, sich gemeinsam vor den Opfern zu verneigen.

Bild 11

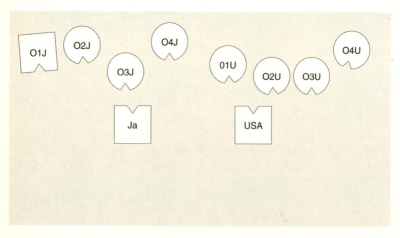

Nachdem sie sich verneigt haben, stellt Hellinger sie wieder einander gegenüber.

Bild 12

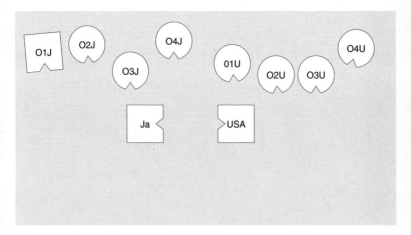

HELLINGER *zum Stellvertreter der USA* Wie ist das jetzt?
USA Ich habe Schmerzen in meiner Brust und habe Kopfschmerzen.
JAPAN Als ich mich verneigt habe, glaubte ich, ich könne etwas von meiner Last loswerden. Ich habe Schmerzen im Magen.
HELLINGER Jetzt schaut euch gegenseitig an.

Die Vertreter von Japan und den USA schauen sich an. Hellinger stellt nun die Opfer Japans im Halbkreis hinter Japan und die Opfer der USA im Halbkreis hinter die USA.

Bild 13

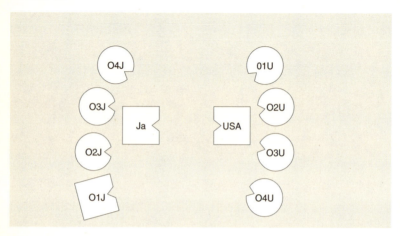

Nach einer Weile bittet Hellinger alle Opfer, gemeinsam einen Kreis um Japan und die USA zu bilden und sich dabei an den Händen zu halten.

Bild 14

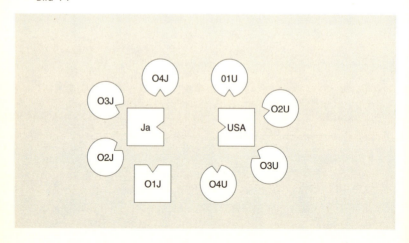

Japan und die USA stehen einander lange unbeweglich gegenüber. Dann geht der Vertreter Japans langsam in kleinen Schritten auf die USA zu. Als er ganz nahe herangekommen ist, streckt der Vertreter der USA ihm die Hand entgegen, und beide umarmen sich. So verbleiben sie lange.

Bild 15

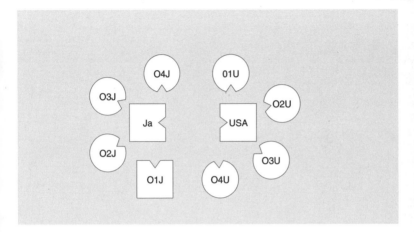

HELLINGER *nach einer Weile* Hier lasse ich es jetzt.

zum Stellvertreter von Japan Was ist bei dir gewesen?
JAPAN Ich wollte näher zu den USA. Gleichzeitig habe ich aber auch gezögert. Als ich dann doch näher zu ihm hingegangen bin und ihn gehalten und umarmt habe, bin ich eine Last losgeworden. Die Schmerzen in meiner Brust und in meinem Bauch sind weggegangen.
USA Ich wünschte mir sehr, dass er näher zu mir kommt, aber ich konnte von meiner Seite aus nichts unternehmen. Ich musste warten, bis er sich bewegte. Jetzt fühle ich mich klar und frisch.
HELLINGER *zu den Stellvertretern* Danke euch allen.

zur Gruppe Das war jetzt eine politische Aufstellung. Sie zeigt, was in der Tiefe der Seelen vor sich geht. Die Annäherung zwischen Japan und den USA war erst möglich, als sich die Opfer einander angenähert haben und sich bei der Hand nahmen. Denn für die Opfer macht es keinen Unterschied, wer sie umgebracht hat.

Auch war es gemäß, dass der Stellvertreter der USA gewartet hat. Der erste Schritt musste von Japan kommen, das war ganz deutlich. Die Stellvertreter für Japan und die USA verhielten sich sehr authentisch. Es hat sich auch gezeigt, dass man in einer Aufstellung nicht nach einer schnellen Lösung suchen darf. Die Stellvertreter gehen mit der inneren Bewegung so, wie sie diese fühlen, und nicht weiter.
zur Klientin Das war jetzt auch für dich noch wichtig. Okay.[*]

---

[*] Diese Aufstellung ist dokumentiert auf dem Video: Bert Hellinger: Hiroshima. Englisch/Japanisch, 85 Minuten. Erhältlich bei Movements of the Soul Video Productions. Kontakt: Harald Hohnen, Uhlandstr. 161, D-10719 Berlin.

Versöhnung in der Seele

Interview von Hans-Joachim Reinecke mit Bert Hellinger zu den Anschlägen auf das World Trade Center und das Pentagon am 11. September 2001 und deren Folgen

REINECKE Deine Arbeit konzentriert sich in letzter Zeit stark auf Ausgleich und Versöhnung. Du hast dabei oft darauf hingewiesen, dass es bei diesem Werk nicht nur im Familiengeschehen, sondern gerade auch bei der Lösung nationaler oder ideologischer Konflikte immer wieder auf die ernsthafte und friedliche Begegnung der Einzelnen ankommt. Nun gibt es sicherlich wichtige äußere Geschehnisse, durch welche die Möglichkeiten solcher Begegnungen stark beeinflusst werden. So wurdest du gerade erst Ende August in einem Interview gefragt, ob die Änderung großer und konfliktträchtiger Glaubenssätze zum Guten, etwa auf internationaler Ebene, auch durch Katastrophen eingeleitet werden kann. Ich meine, die weltweiten Reaktionen zeigen, dass die Terroranschläge des 11. Septembers und ihre Folgen mit Fug und Recht als eine solche weltbewegende Katastrophe bezeichnet werden können.

Was glaubst du sind die Chancen und Hoffnungen, die sich daraus letztlich für ein friedliches Zusammenleben der Völker und Menschen unserer Welt ergeben? Und: Ist eine solche Frage angesichts der vielen tausend Opfer sowohl des Anschlags als auch der folgenden, noch andauernden Geschehnisse überhaupt erlaubt?

HELLINGER Wenn ich mir das anhöre, dann sehe ich, dass ich da auf ein Feld geführt werde, wo ich mich zu großen Dingen äußern soll, die eigentlich über meinen Horizont hinausgehen. Ich werde daher auf andere Weise an dieses Problem herangehen, Schritt für Schritt, und werde beim Wesentlichen beginnen.

Versöhnung beginnt in der eigenen Seele. Wem sie da gelungen ist, der kann dann von dort aus auch auf andere, auf größere Zusammenhänge Einfluss nehmen. In der eigenen Seele beginnt die Versöhnung bei den Eltern. Das scheint merkwürdig. Aber wir können beobachten, dass viele versuchen, sich von ihren Eltern abzugrenzen, als könnten sie das. Denn dann müssen sie nicht anerkennen, dass wir alles

Wesentliche von ihnen haben, ohne dass wir selbst etwas dazu tun konnten.

In der Seele kann diese Versöhnung zum Beispiel so vor sich gehen: Man verneigt sich vor den Eltern, stellt sich vor, dass hinter ihnen ihre Eltern stehen und hinter ihren Eltern deren Eltern usw. Und dann schaut man auf diese tausende von Generationen, durch die das Leben fließt, bis es uns erreicht. Durch alle diese Generationen fließt es unbefleckt, uneingeschränkt. Es behält immer seine Fülle, unabhängig davon, wie die Einzelnen auch waren oder sind, die es empfangen und weitergegeben haben. Wer so auf seine Eltern sieht, der kann und muss sich tief vor ihnen verneigen. Und zugleich, indem wir uns vor ihnen verneigen, verneigen wir uns auch vor dem Geheimnis des Lebens. Dann wird unsere Zustimmung zum Leben so, wie es zu uns von unseren Eltern kommt, zu einem tief religiösen Akt, zum eigentlichen religiösen Akt.

Wem das gelungen ist, der sieht und der muss anerkennen, dass jeder andere Mensch, aus welcher Kultur er auch stammt und was immer auch seine Religion ist oder seine Sprache oder seine Rasse, genau den gleichen Vollzug leisten muss, damit er zu seinen Eltern, zum Leben und zu sich selbst finden kann. Obwohl alle diesen gleichen Akt vollziehen und vollziehen müssen, ist das Ergebnis insofern verschieden, weil sie aus verschiedenen Gruppen, verschiedenen Religionen, verschiedenen Völkern und verschiedenen Kulturen kommen. In diesem religiösen Akt sind sie miteinander verbunden und einander gleich. Im Ergebnis sind sie verschieden und voneinander getrennt.

In der Seele geht nun der Weg auf Versöhnung hin weiter mit einem nächsten Schritt. Ich muss anerkennen, dass jeder andere im Wesentlichen mir gleich ist, gleich in der ihm abverlangten Zustimmung zum allen gemeinsamen Leben und zu den je besonderen Eltern. Ich muss anerkennen, dass es in diesem grundlegenden Vollzug keine Unterschiede gibt, auch keine Wahlmöglichkeit, und dass die Ergebnisse, die sich aus den besonderen Umständen von Rasse, Schicksal und Kultur der verschiedenen Gruppen und Völker ergeben, untergeordneter Natur sind. Erst dann bin ich bereit und fähig, anderen Menschen als ebenbürtig zu begegnen, obwohl sie vielleicht in vielerlei Hinsicht von mir verschieden sind.

Also, das wäre der Weg, auf dem ich innerlich fähig werde, einem anderen, der anders ist, mit Achtung zu begegnen und ihn als ebenbürtig anzuerkennen.

REINECKE Der Zusammenhang mit der möglichen besonderen Funktion der Katastrophe ist mir jetzt noch nicht ganz klar geworden. Können die Ereignisse des 11. Septembers dazu beitragen, diesen Prozess der Versöhnung voranzutreiben?

HELLINGER Die Schlussfolgerung aus dem, was ich gesagt habe, wäre, dass man diese so genannten Terroristen genauso als Eingebundene in ihr System sieht, wie wir das in uns mit Bezug auf unser System erfahren. Und dass wir anerkennen, dass sie in dem, was sie tun, auf ihre Weise religiös sind, zutiefst religiös, auch wenn sich ihr Handeln gegen uns richtet. Daher sind sie auch auf ihre Weise gewissenhaft.

REINECKE Religiös auch in einem weitaus tieferen Sinn, als es etwa in den Selbstzeugnissen der Attentäter aufscheint?

HELLINGER Ja – und so lautet meine nächste Schlussfolgerung: Wenn beide sich unausweichlich eingebunden wissen in das System, dem sie angehören, dann sind sie in dem, was sie anstreben, religiös. Also jene, die gegen diese Terroristen sind und sie bekämpfen wollen, und die, die hinter diesen Terroristen stehen und ihren Kampf unterstützen. Beide sind religiös auf ihre Weise. Um noch tiefer zu gehen und zu einem Verständnis in der Seele zu kommen, das auch hier Versöhnung anbahnt, müssen wir Abschied nehmen von unserer gewohnten Unterscheidung von gut und böse, und wir müssen Abschied nehmen von einem Bild von Gott, das ihn vereinnahmt für die Interessen unserer eigenen Gruppe und das ihn in gleicher Weise als Feind der anderen Gruppe sieht, die wir meinen bekämpfen zu müssen. Dann müsste man anerkennen, dass beide, die einen wie die anderen, obwohl sie vordergründig ganz Entgegengesetztes wollen und tun, von einer sie übergreifenden größeren Macht gesteuert werden, vor der beide sich verneigen müssen, weil sie für sie nur Werkzeuge für andere Ziele sind. Erst mit dieser Einsicht und in dieser Haltung kann man sich einer solchen Katastrophe auf eine Weise stellen, die auf lange Sicht dem Frieden, dem Fortschritt und der Versöhnung dient. Dann haben wir sowohl die Opfer und ihre Angehörigen im Blick und können mit ihnen um sie trauern und ihr Leid mittragen als Mitfühlende – und zugleich können wir auch diese Angreifer als Opfer sehen, die sich in etwas anderes eingebunden erfahren haben, die aus ihrer Sicht auch etwas Gutes bewirken wollten, aber zu Mitteln gegriffen haben, die viele Unschuldige in den Tod rissen. Wenn man das sieht und anerkennt, hört unsere übliche Unterscheidung von gut und böse auf.

Wenn man dieses Ereignis in diesem Sinne auf sich wirken lässt, sieht man, dass es als Ganzes, so schrecklich es auch ist, in den vielen Seelen eine Veränderung zum Besseren bewirkt hat. Es führt zum Beispiel zu einer größeren Vorsicht im Umgang mit anderen, zu mehr Bescheidenheit, zur Anerkennung, dass wir auf viele andere angewiesen sind, über deren berechtigte Anliegen wir uns vielleicht vorher hinweggesetzt haben. Insofern hat dieses Ereignis vielleicht eine weltumspannende, besondere Wirkung.

So eine Wirkung kann aus meiner Sicht niemals von einem Einzelnen ausgehen. Sie kann nur einer größeren Kraft zugeschrieben werden, die alles, auch dieses Ereignis, steuert und die die Einzelnen nur als Instrumente benutzt – die einen als Opfer, die anderen als Täter.

REINECKE Aktuelle Umfragen in den westeuropäischen Ländern lassen vermuten, dass sich ein wachsender Anteil der Bevölkerung gegen das anhaltende Bombardement Afghanistans ausspricht. Kritiker werten das als kurzsichtige Einstellung, die aus Eigennutz heute schon vergisst, was gestern noch so wichtig schien, sobald die unmittelbare Bedrohung vorbei ist. Ist diese Kritik berechtigt?

HELLINGER Ich sage einfach, dass wir tief in der Seele Mitmenschen sind und dass wir sowohl die einen Opfer beklagen als auch die anderen. Wir fühlen uns als Menschen mit beiden verbunden. Das ist eine menschliche Regung. Sie ist die eigentliche Voraussetzung für Versöhnung. Insofern halte ich das für eine wichtige Bewegung. Sie wirkt dämpfend auf jene, die meinen, mit überheblichen Vorgaben oder überheblicher Taktik im Sinne von »Wir besiegen die und rotten sie aus«, etwas Gutes bewirken zu können. Sie werden damit in ihre Schranken verwiesen. Insofern hat diese Gegenbewegung in den Seelen eine heilsame Wirkung. Gleichzeitig muss man sehen, dass auch die anderen in ihre Schranken verwiesen werden müssen. Es ist für viele schwer einzusehen, dass oft erst Ohnmacht Frieden stiftet.

REINECKE In einer ganzen Reihe von Aufstellungen hast du, wenn es im Sinne des Klienten angebracht war, auch ganze Nationen durch einzelne Stellvertreter darstellen lassen. Dabei trat oft zutage, wie sehr es selbst zutiefst befeindete Länder nach Versöhnung drängt. Die Versuchung liegt doch nahe, solche Nationalkonflikte, ja selbst die gegenwärtige internationale Terrorismuskrise, mit dem auf individueller Ebene so effektiven Instrument der Familienaufstellung lösen zu wollen?

HELLINGER Wenn man das versuchen würde, wäre das aus meiner Sicht anmaßend.

Was passiert bei Aufstellungen, in denen man auch Nationen aufstellt? Nationen werden von mir fast nur im Zusammenhang mit einer Einzelperson aufgestellt, zum Beispiel bei jemandem, der aus einer Familie stammt, in der die Eltern aus verschiedenen Nationen oder Religionen oder Kulturen kommen. Wenn sich daraus Probleme ergeben, dann stellt man also für die Einzelnen auch die verschiedenen Herkunftsländer oder Religionen seiner Eltern auf. Das Ziel ist aber immer, in der Seele des Aufstellenden das, was sich entgegenstand, zu versöhnen, sodass er beides annehmen kann, beides in seinen Unterschieden anerkennt und beides auf einer höheren Ebene auch miteinander versöhnt.

Manche haben nun die Vorstellung, dass eine solche Erfahrung und ein solches Bild auch in den Seelen derer, die politische Verantwortung haben, wohltuend wirken könnten. Aber von da aus politisches Handeln ableiten zu wollen, ginge viel zu weit. Dazu sind die politischen Prozesse viel zu komplex und von so viel anderen Umständen abhängig, zum Beispiel von der Zustimmung der Bevölkerung oder großer Teile der Bevölkerung. Deswegen könnte erst wenn in vielen Seelen so ein Prozess abgelaufen wäre, ein gewisser Druck auf die Politik ausgeübt werden, der politisches Handeln in dieser Richtung ermöglicht. Vorher kann ich mir das nicht vorstellen.

REINECKE Kann das Familien-Stellen dann wenigstens zum besseren Verständnis von Großkonflikten beitragen? Und wenn ja, wer wäre fähig zuzuhören? Ich denke da zum Beispiel an all die negativen Reaktionen auf die in Deutschland und anderswo geführte Debatte über eine mögliche gemeinsame Verstrickung des amerikanischen Präsidenten George W. Bush mit seinem großen Gegenspieler Osama bin Laden.

HELLINGER Dass die Extreme sich berühren, ist eine altbekannte Beobachtung. Beide sind überzeugt, dass sie dem Guten dienen. Insofern gibt es eine Verbindung zwischen ihnen. Aber wenn die beiden nur auf sich schauen, hilft es wenig zu einer Lösung.

Ich habe in den USA eine Aufstellung gemacht, ganz nebenbei. Als ich dort mit Krebskranken gearbeitet habe, zeigten sich Wege, wie Täter und Opfer sich versöhnen können und müssen, damit etwas zu Ende kommt. Danach habe ich gesagt: »Stellen wir mal den 11. September auf.« Wir haben also zwei Personen einander gegenübergestellt. Es war unklar, wer sie waren. In meiner Seele war der eine Präsident Bush oder Amerika und der andere Bin Laden oder seine Gruppe. Aber ich habe es nicht gesagt.

Der Vertreter Amerikas hat auf den Boden geschaut, was beim Familien-Stellen bedeutet, dass er auf einen Toten schaut. Daher habe ich einen Mann dazwischen gelegt, der den Toten oder die Toten repräsentierte. Der Vertreter Amerikas ist ganz langsam zu Boden gegangen und hat sich diesem Toten zugewandt. Ab und zu hat er auch zum Vertreter der Terroristen hinübergeschaut. Der aber hat erst lange in die Ferne geschaut. Dann ist auch er ganz langsam in die Knie gegangen und hat am Kopf des Toten vorbei seine Hand dem Vertreter Amerikas gereicht. Also, im Angesicht der Opfer konnten beide einen Weg zur Versöhnung finden. Im Angesicht der Opfer – und das heißt hier natürlich auch: im Angesicht der Opfer auf beiden Seiten – können beide zur Besinnung kommen. Und das ist etwas, was ich in vielen Aufstellungen gesehen habe, in vielen Ländern.

Erst wenn man gemeinsam trauert um das, was geschehen ist, ohne jede Schuldzuweisung, ohne Vorwürfe an die andere Seite; wenn man gemeinsam trauert um das, was man selbst erlitten hat, und auch um das, was man anderen angetan hat, und dabei die Opfer auf beiden Seiten vor Augen hat, ist der Weg frei zum gegenseitigen Verständnis und zur Versöhnung.

REINECKE Das leuchtet mir unmittelbar ein, und darum stelle ich noch einmal die Frage: Hätte diese Arbeit nicht eine ganz große Öffentlichkeit verdient? Wir leben doch im Zeitalter der Massenmedien. Wäre eine im Fernsehen übertragene Aufstellung der aktuellen Krise und ihrer Beteiligten nicht das ideale Mittel, um möglichst vielen Menschen auf schnellstem Wege einen Weg zu Frieden und Versöhnung zu zeigen, allen voran den politischen Entscheidungsträgern?

HELLINGER Ja, schön wäre es. Aber so eine Aufstellung setzt natürlich ein Umfeld voraus, also eine innere Bereitschaft, sich für die tieferen Bewegungen der Seele zu öffnen. Sobald eine solche Aufstellung und eine solche Erfahrung benutzt werden zur Propaganda oder zur Beeinflussung einer großen Gruppe, kommt ein persönliches Interesse, ein persönlicher Machtanspruch ins Spiel, wenn auch vielleicht nur auf sehr verdeckte Weise, und das zerstört sofort jede Wirkung in der Tiefe der Seele. Dann wird das zum Spektakel und würde mit Recht abgelehnt werden.

Diese Einsicht und eine solche Erfahrung müssen ganz langsam in kleinen Gruppen wachsen. Erst wenn das viele Seelen erfasst hat, kann es sich ausbreiten. In der Gruppe, in der die vorhin beschriebene Aufstellung ablief, waren alle Teilnehmer Amerikaner. Es hat sie sehr berührt, in ihrer Seele ist etwas Gutes abgelaufen. Aber dass man daraus jetzt politisches Handeln ableiten kann oder es beeinflussen und darauf Druck ausüben will, das halte ich nicht für gerechtfertigt.

REINECKE Afghanistan ist weit, viele Moslems in Deutschland und Europa dagegen sind uns nahe, wenn auch häufig nur im räumlichen Sinne. Gerade angesichts der Angst vor den so genannten »Schläfern« zeigt sich momentan selbst bei toleranten Menschen mehr oder weniger deutlich, wie schwierig die echte Integration zugewanderter Ausländer manchmal sein kann. Über bekannte Ursachen der Fremdenfeindlichkeit, wie zum Beispiel Angst oder schlichtes Unwissen, ist bereits viel gesagt worden. Welche Hindernisse eines friedlichen Zusammenlebens lassen sich darüber hinaus aus systemischer Sicht erkennen und was können ausländische Mitbürger gerade jetzt selbst tun, um in Frieden in den Ländern zu leben, die sie aufgenommen haben?

HELLINGER Die Ausländer selbst können von sich aus wenig tun. Sie sind ja in der Minderheit. Erst muss sich die Mehrheit ihnen öffnen. Man öffnet sich ihnen, indem man ihre Besonderheit anerkennt, auch ihre besondere Religion und was damit verbunden ist. Wenn man dann ins Gespräch miteinander kommt: »Was können wir gemeinsam tun, damit die Vorurteile abgebaut werden?«, dann können beide Seiten sich zeigen und füreinander öffnen. Das baut Vorurteile ab. Man kann in solchen Gesprächen dann auch auf die berechtigte Angst zu sprechen kommen, die viele hier im Lande haben, dass sich extreme Gruppen einnisten könnten. Dann bekommen die ein Verständnis für diese Ängste und dann haben Extremgruppen in diesen Kreisen weniger Chancen, als sie sie jetzt vielleicht haben. Denn diejenigen, die anerkannt sind, die können auch mit der Mehrheit fühlen und werden sich dann eher gegen Extremgruppen abgrenzen.

REINECKE Es scheint so, dass uns in Europa und in Deutschland die Ereignisse vom 11. September mehr berührt haben als eine Reihe anderer fernsehwirksamer Katastrophen, von denen wir in letzter Zeit erfahren haben. Der deutsche Bundeskanzler Schröder hat sich bald nach dem Anschlag und mehrfach in unerwartet eindeutiger Weise zu tatkräftiger Unterstützung der USA, auch durch militärische Einsätze, bekannt. Müsste man nicht eigentlich erwarten, dass diese »uneingeschränkte Solidarität« allen Opfern von Not und Elend auf der ganzen Welt immer und in gleicher Weise gelten sollte? Könnte man die außergewöhnlich starke Betroffenheit auch der deutschen Bevölkerung mit einer Art gemeinsamen Familiengewissens, zum Beispiel von USA und Europa, erklären oder was ist es, was uns dieses Mal besonders mit den Opfern zu verbinden scheint?

HELLINGER Natürlich gibt es viele gemeinsame Wurzeln. Aber es genügt vielleicht an dieser Stelle zunächst zu betonen, dass wir uns daran erinnern, wie viel wir Amerika und den amerikanischen Truppen verdanken. Wir haben uns aus vielen Konflikten heraushalten können, weil die Amerikaner ihren Kopf hingehalten haben. Und jetzt, wo auf einmal die USA in einer gewissen Not sind, kommt diese Bereitschaft auch aus einem Gefühl der Dankbarkeit gegenüber dem, was die Amerikaner für Deutschland getan haben. Ich denke hier zum Beispiel an die Berlinblockade und dass oft, wo wir nicht tätig wurden, sie tätig geworden sind. In diesem Sinne halte ich diese Solidarität auch für angebracht und gut.

Gleichzeitig muss man aber auch bedenken, dass wir, während wir solches Mitleid haben mit den Opfern von New York, die Millionen Opfer, die in unseren Städten verbrannt sind, nicht mehr im Blick haben und sie noch nicht in angemessener Weise betrauert haben, wohl deswegen, weil wir uns zu sehr an anderen schuldig gemacht haben. Wir könnten daher den 11. September zum Anlass nehmen, auch ihnen die Ehre zu geben und um sie zu trauern.

Das würde dann vielleicht auch den Amerikanern oder den Briten oder anderen helfen, die bei diesen Bombardements doch auf unmenschliche und oft unnötige Weise so viele Menschen zu Tode gebracht haben. Sie könnten dann auch anfangen, diesen Toten in die Augen zu schauen und gemeinsam mit uns um sie zu trauern. Das würde uns noch tiefer miteinander verbinden, als wenn wir einseitig nur um die Opfer dieses Anschlages am 11. September trauern.

REINECKE Du bereist gegenwärtig die Welt und stellst deine Arbeit in vielen Ländern vor. Hast du in deinen jüngsten internationalen Workshops nach dem 11. September den Einfluss der Anschläge und deren Folgen gespürt und wenn ja, wie äußerten sich diese Geschehnisse in Aufstellungen oder bei den Menschen, die daran teilnahmen?

HELLINGER In Russland oder in Japan oder in Taiwan hatte das keinen Einfluss auf die Aufstellungen. In Amerika hatte es einen gewissen Einfluss, zum Beispiel in der vorhin erwähnten Aufstellung.

Aber ich kann in diesem Zusammenhang ein weiteres Beispiel bringen, das auf einer anderen Ebene verdeutlich, was ich vorher gesagt habe:

In Japan habe ich mit einer Frau gearbeitet, deren Großvater in Hiroshima beim Atombombenabwurf ums Leben kam.[*] Ich habe einen Stellvertreter für den Großvater aufgestellt, einen Vertreter für die Atombombe und dazu noch die Klientin selbst. Die Klientin ging nicht etwa zu ihrem Großvater, sie stellte sich neben die Atombombe und hat sich dann hinter ihr versteckt. Es wurde deutlich, dass sie mit dem Angreifer identifiziert war oder dass die Wucht dessen, was da passiert ist, einen solchen Einfluss hatte, dass sie sich dahinter verstecken wollte.

Es ist auch auffällig, dass in Japan das Amerikanische überall hoch angesehen ist. Jeder Europäer, der dort herumläuft, wird sofort mit »Amerikaner« angesprochen. Wir sind zum Beispiel an einem Kindergarten vorbeigekommen, und die Kinder haben alle »Amerikaner!« geschrien.

Nun, in der Aufstellung stand die Atombombe ziemlich lange unbeweglich. Der Großvater ist auf den Boden gesunken, und ganz langsam hat sich die Atombombe ihm zugewandt, blieb aber unbeweglich. Die Klientin ging nach einiger Zeit sehr zögerlich zu ihrem Großvater und konnte zu ihm niederknien und um ihn trauern. Dann haben wir abgebrochen und nach einer Pause neu aufgestellt.

Denn in dieser Aufstellung wurde klar, die Atombombe war Amerika und der Großvater war Japan. Japan war aber nicht nur Opfer, sondern auch Täter. Es hat ja viele Völker überfallen, und man muss in diesem Zusammenhang auch den Angriff auf Pearl Harbor in die Betrachtung mit einbeziehen.

Ich habe also noch einmal den Vertreter für die Atombombe, diesmal als Vertreter für die USA aufgestellt und den Stellvertreter des Großvaters als Vertreter für Japan und habe dann die Opfer beider Seiten vor sie gestellt, die der Japaner und die der Amerikaner. Nach einiger Zeit haben die Opfer einen Kreis um beide gebildet und sich dabei an den Händen gehalten. Dann standen sich Japan und die USA

---

[*] Vergleiche dazu die Dokumentation dieser Aufstellung auf Seite 73 ff.

im Kreis der Opfer einander gegenüber. Der Vertreter der USA blieb unbeweglich. Ganz langsam ist der Vertreter von Japan dann auf die USA zugegangen. Als er nahe herangekommen war, haben die USA ihm die Hand entgegengestreckt. Das war sehr eindrucksvoll, weil die historische Wirklichkeit ganz klar abgebildet wurde. Amerika war der zuerst Angegriffene. Deshalb musste Japan den ersten Schritt auf die USA zu machen. Erst dann konnte Amerika die Hand ausstrecken.

Das war für die Japaner, die zugegen waren, sehr bewegend und hat in der Seele ein tiefes Verständnis bewirkt, auch für die eigene Schuld. Sie konnten dann das Unglück von Hiroshima und Nagasaki in einen größeren Zusammenhang einordnen und konnten die Opfer von Hiroshima und Nagasaki zusammen sehen mit den Opfern der Angriffe der Japaner.

REINECKE Ich glaube, dieses Beispiel lässt sich gut auf die gegenwärtige Situation übertragen.

Zuletzt eine Frage, die vielen am Herzen liegt: Gibt es für Menschen, die sich nicht mit den Gefühlen ohnmächtigen Entsetzens und hilfloser Angst begnügen wollen, gegenwärtig die Möglichkeit, etwas zu tun? Soll man spenden, demonstrieren, kann man anderweitig Hilfe leisten, können die Menschen als Einzelne oder als Gruppe etwas tun oder ist es womöglich sogar vermessen, auf den Gang der Dinge Einfluss nehmen zu wollen? Darf man schlussendlich überhaupt noch lachen, Feste feiern und seinen Geschäften nachgehen?

HELLINGER Das darf man auf jeden Fall tun. Sonst stellt man sich dem Leben entgegen. Tod und Leben gehören zusammen.

Eingreifen in den Lauf der Dinge können wir, die keine Macht haben, nicht. Aber für solche, die jetzt durch diese Auseinandersetzungen unschuldig in Mitleidenschaft gezogen werden, zum Beispiel die Flüchtlinge in Afghanistan, kann man etwas tun, indem man spendet. Insoweit kann man Solidarität zeigen mit denen, die ohne eigene Schuld auch Opfer wurden. Das wäre für mich ein einfacher, schlichter Weg, etwas Gutes zu tun und der Versöhnung den Weg zu bereiten.

Vielleicht kann ich hier von einer meditativen Übung berichten, die ich in Stockholm mit einer Gruppe gemacht habe, als die Menschen in Europa gemeinsam der Opfer des 11. September schweigend gedenken wollten. Hier ist der Wortlaut:

Mir wurde zugetragen, dass heute um 12 Uhr in ganz Europa die Menschen drei Minuten schweigen werden, um damit der Opfer des Anschlags vom 11. September zu gedenken. Ich will mich dem mit euch anschließen, aber nicht nur durch Schweigen, ich möchte mich mit euch im Gedenken an diese Opfer etwas anders besinnen.

Schließt jetzt eure Augen. – Stellt euch vor, ihr geht mit mir ins Reich der Toten. – Dort schauen wir auf diese Toten, sowohl auf die Opfer als auch auf ihre Mörder, auf beide. – Dort liegen sie eng beieinander. – Vielleicht wenden sie sich einander zu, schauen sich an von Mensch zu Mensch. – Die Opfer schauen auf ihre Mörder, und die Mörder schauen auf ihre Opfer, bis sie erkennen, dass die anderen Menschen sind wie sie. – Die Mörder öffnen ihr Herz für ihre Opfer, und die Opfer öffnen ihr Herz für ihre Mörder. – Dann wenden sie sich um, schauen in die Weite bis zum Horizont und verneigen sich. – Plötzlich werden sie sich inne, dass sie alle in der Hand von Kräften sind, die über sie hinausreichen, die Opfer und die Täter. Beide erkennen: Sie standen im Dienst von etwas Größerem, dem sie völlig ausgeliefert sind, jenseits ihrer Absichten oder ihrer Ängste oder ihrer Hoffnungen und Pläne.

Wir können uns auch vorstellen, was würde geschehen, wenn auch die Überlebenden, wenn auch die Familien der Opfer und der Täter sich gegen diesen Horizont hin wenden und sich vor einem verborgenen Geheimnis verneigen, sich ihm völlig überlassen und anvertrauen. – Und wenn auch wir uns mit ihnen vor diesem Größeren verneigen.

Wenn wir uns diesem anderen überlassen, bis wir im Einklang mit ihm sind, können wir leichter alle Gedanken an Rache hinter uns lassen, auch den Vorwurf, und werden fähig, dem Frieden zu dienen und der Versöhnung.

ZWISCHENBETRACHTUNG

Ordnungen des Helfens*

Kommt langsam zur Ruhe und geht in die Sammlung, bereit für Neues. Ich möchte etwas sagen über psychische Störungen. Wie entstehen sie? Wieso kommt eigentlich jemand zu einer Psychotherapie? Gewöhnlich weil er abgeschnitten ist von jemandem. Sobald jemand abgeschnitten ist von seinen Eltern oder von einem Elternteil, verliert er Energie und Kraft. Er ist geschwächt und entwickelt Symptome.

Die Lösung ist eigentlich ganz einfach. Man stellt die Verbindung zum Getrennten wieder her. Wie ist das möglich? Welche Voraussetzungen muss der Helfer mitbringen, damit das gelingt? Das Erste ist, dass der Helfer selbst in Verbindung ist mit seinen Eltern und mit seinen Ahnen, mit seinem Schicksal, mit seiner Schuld und mit seinem Tod.

Wir können das jetzt als eine kleine Übung machen. Macht die Augen zu und fühlt in euch, in eurem Körper, eure Eltern. Es ist ja nichts in uns, das nicht von unseren Eltern gekommen ist am Anfang. Wir sind ja unsere Eltern. So machen wir uns innerlich weit, bis wir beide Eltern in uns spüren als Ganzes, und zwar so, wie sie wirklich sind und waren. Ohne einen Wunsch, dass sie irgendwie anders gewesen sein sollten. Auf gleiche Weise spürt ihr in euch eure Großeltern und die Urgroßeltern, alle, die zur Familie gehört haben, und auch die früh Verstorbenen zum Beispiel. Alle kann man im eigenen Körper gegenwärtig spüren. So stimmen wir ihnen allen und uns selbst in unserem Körper zu. Wir schmiegen uns gleichsam an sie an, lassen uns von ihnen umfangen und werden eins mit ihnen. In dieser Bewegung erfahren wir unser besonderes Schicksal: von unseren Eltern, von unseren Ahnen, aber auch von unserem eigenen Tun und unserer Schuld. Und wir stimmen diesem Schicksal zu: »Ja, das ist mein Schicksal, und ich stimme ihm zu.«

Dann kommt noch etwas hinzu aus der Seele. Denn über unsere Eltern und Ahnen hinaus sind wir in Verbindung mit etwas Größerem, das uns und sie in den Dienst nimmt. Aus diesem Größerem kommt für jeden von uns eine besondere Bestimmung, eine Aufgabe, und von

---

* Aus einem Kurs für Psychose-Patienten in Palma de Mallorca, November 2002.

daher auch die Kraft, uns ihr zu stellen. Indem wir so zustimmen, werden wir frei, ohne Ablenkung durch vordergründige Wünsche. Wir sind von Größerem erfüllt.

Dann schauen wir vielleicht auf einen Klienten, der zu uns kommt und Hilfe braucht. Wenn wir auf ihn schauen, sehen und spüren wir zugleich seine Eltern, wie sie sind oder waren, und wir stimmen ihnen zu mit Achtung und mit Liebe. Dann schauen wir auf seine Großeltern und Urgroßeltern, alle seine Ahnen, alle, die früh gestorben sind in seiner Familie. Sie werden in ihm für uns gegenwärtig, und wir verneigen uns vor ihnen. Wir bitten sie um ihren Beistand. Dann sind es nicht wir, die beginnen, für ihn zu sorgen. Seine Ahnen unterstützen uns und darüber hinaus das Größere, an dem wir alle teilhaben. Wir erfassen vielleicht seine Bestimmung, seine Aufgabe und sein Schicksal. Und wir stimmen ihm zu.

Dann spüren wir, wie wir mit ihm verbunden sind und zugleich auch getrennt. Wir werden vorsichtig, sodass was immer wir tun im Einklang ist mit seiner ganzen Familie, mit seinem Schicksal, vielleicht auch mit seinem Tod.

Noch etwas. Wenn jemand auf seine Eltern böse ist, ihnen Vorwürfe macht, sie anklagt, sie vielleicht verachtet, und ich bin im Einklang mit seinen Eltern und seinen Ahnen, dann weigere ich mich, ihm zu helfen. Er ist verloren. Wo dieser erste Schritt nicht gelingt, ist er verloren. Und was wird ihm helfen? Wenn ich ihn mit ihm im Einklang seinem Schicksal überlasse. Dann vielleicht geschieht die Wendung, die hilft.

Stellt euch vor, was würde passieren, wenn ihr die Stelle seiner Eltern einnehmt und ihm zu helfen versucht, gleichsam gegen seine Eltern, ohne ihren Segen und ohne den Segen seines Schicksals? Hier im Einklang zu bleiben, erfordert Größe.

Noch etwas. Viele Störungen entstehen, weil jemand in einer Familie nicht Kind sein kann, weil aus einer Verstrickung heraus ihm etwas aufgebürdet wird, was die Verbindung zu den Eltern unmöglich macht. Zum Beispiel wenn er sühnen muss, wenn er Schicksale, die nicht ihm gehören, noch einmal wiederholen muss. Dann können wir helfen, indem wir dem nachgehen, bis wir finden, was die rechte Ordnung ist, die ihn von dieser Last befreit und die es ihm ermöglicht, Kind zu sein und als Kind zu nehmen, was ihm geschenkt ist.

Die Leiden der chinesischen Frauen

Vorbemerkung

In einem Kurs in Taiwan im Oktober 2001 war auffällig, wie oft die Teilnehmer von heftigen Gefühlen überwältigt wurden. Es wurde deutlich, dass diese Gefühle nicht nur persönliche waren, sondern dass in ihnen ein kollektiver Schmerz zum Ausdruck kam: das unterdrückte Weinen und die unterdrückte Trauer vieler Generationen von geschundenen Menschen in China, vor allem der Frauen und Mütter. Diese Aufstellung dokumentiert ein solches Beispiel. Zugleich zeigt es Wege, die den Opfern die Ehre geben und ihre Nachkommen aus den Verstrickungen in deren Leiden erlösen.

»Dafür bist du zu klein«

HELLINGER *zu einer Klientin* Was ist es, was dich beschwert?
KLIENTIN Mein Vater und ich liegen dauernd im Streit. Ich möchte die Beziehung zu ihm gerne verbessern.
HELLINGER Streitet er mit dir oder streitest du mit ihm?
KLIENTIN Wenn wir miteinander reden, fühle ich mich sehr schnell von ihm verletzt und werde dann wütend.
HELLINGER Gibt es noch jemanden, der sich verletzt fühlt?
KLIENTIN Manchmal auch meine Schwester.
HELLINGER Wer noch?
KLIENTIN Meine Mutter und meine Großeltern. Ich finde sein Verhalten ihnen gegenüber unmöglich, auch die Art und Weise, wie er mit ihnen redet.

Hellinger wählt Stellvertreter für ihren Vater und ihre Mutter aus. Er stellt sie nebeneinander und stellt die Klientin dem Vater gegenüber.

Bild 1

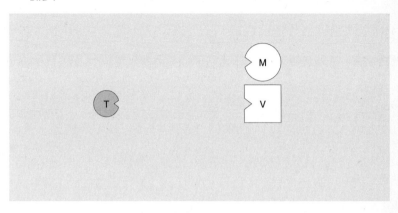

V	Vater
M	Mutter
T	**Tochter = Klientin**

Nach einer Weile stellt Hellinger die Mutter hinter die Tochter.

Bild 2

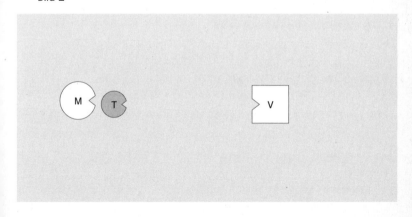

HELLINGER *zur Klientin* Sag deinem Vater: »Ich räche alle Frauen dieser Welt.«

KLIENTIN Ich räche alle Frauen dieser Welt.
zu Hellinger Soll ich es noch einmal sagen?
HELLINGER Bitte.
KLIENTIN Ich räche alle Frauen dieser Welt.

Die Stellvertreterin der Mutter hinter ihr verzieht das Gesicht und beginnt laut zu lachen. Auch die Klientin beginnt zu lachen. Hellinger stellt sie seitlich und dreht sie so, dass sie die Mutter anschauen kann.

Bild 3

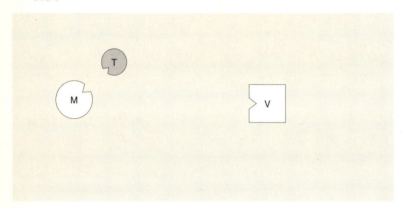

HELLINGER *zur Stellvertreterin der Mutter* Sag ihr: »Dafür bist du zu klein.«
MUTTER Dafür bist du zu klein.

Die Mutter und die Klientin lachen, auch das Publikum lacht mit.

HELLINGER *zur Klientin* Verstehst du das?

Sie nickt.

Die doppelte Verschiebung

HELLINGER *zur Gruppe* Ich will erklären, was hier abgelaufen ist. Die Art und Weise, wie sie über ihren Konflikt mit dem Vater gesprochen hat, legt nahe, dass wir es hier mit einer doppelten Verschiebung zu tun haben.

Was läuft bei einer doppelten Verschiebung ab? Wenn es zum Beispiel in der Familie eine Frau gab, der großes Unrecht von ihrem Mann angetan wurde und wenn sie das erduldet hat, ohne wütend zu werden und sich zu rächen, dann ist die Wut nur verdrängt. Sie zeigt sich später bei einem anderen Mitglied der Familie. Eine oder mehrere Generationen später übernimmt dann vielleicht ein kleines Mädchen die unterdrückte Wut dieser Frau. Das ist die Verschiebung im Subjekt, von der Frau zu dem Mädchen.

Diese Wut wird von dem Mädchen zum Ausdruck gebracht, aber nicht gegenüber der Person, die der Frau dieses Unrecht angetan hat, sondern gegenüber einer anderen Person, die völlig unschuldig ist.
zur Klientin Zum Beispiel von dir gegenüber deinem Vater. Das ist die Verschiebung im Objekt, von dem anderen Mann auf deinen Vater. Macht das Sinn für dich?
KLIENTIN Ich kann mich nicht damit abfinden, wie mein Vater meine Mutter behandelt.
HELLINGER *zur Gruppe* Sie ist noch in der doppelten Verschiebung befangen. Sie wird sich von ihrem Vater verletzt fühlen, ganz unabhängig davon, was er ihr sagt. Sie reagiert ja nicht auf das, was er sagt, sondern auf etwas anderes. Sie hat die Gefühle einer anderen Frau und bringt sie zum Ausdruck, unabhängig von der konkreten Situation. Das ist ähnlich wie beim Schattenboxen. Es boxen nur die Schatten, nicht die wirklichen Personen.

Die Klientin lacht. Hellinger stellt sie nun vor ihren Vater.

Bild 4

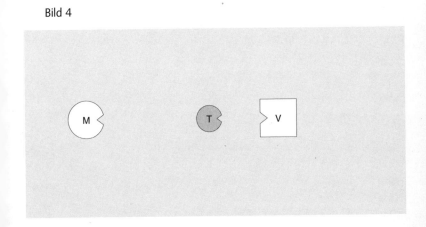

HELLINGER *zur Klientin* Sag deinem Vater: »Bitte schau auf mich als dein Kind.«
KLIENTIN Bitte schau auf mich als dein Kind.
HELLINGER »Ich bin nur ein Kind.«
KLIENTIN Ich bin nur ein Kind.
HELLINGER Jetzt verneige dich vor ihm.

Sie verneigt sich tief. Der Vater legt ihr die Hand auf den Kopf und tätschelt sie.

HELLINGER *als sie sich aufrichtet* Geh zu ihm.

Sie geht einen Schritt näher.

Bild 5

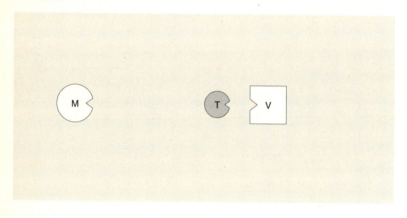

HELLINGER Sag ihm: »Lieber Papa.«
KLIENTIN Lieber Papa.
HELLINGER »Jetzt bleibe ich ein Kind.«
KLIENTIN Jetzt bleibe ich ein Kind.

Plötzlich reißt sie die Arme hoch, ballt die Fäuste und hält sie geballt vor ihre Brust.

Hellinger stellt nun die Mutter neben den Vater und die Klientin weiter zurück.

Bild 6

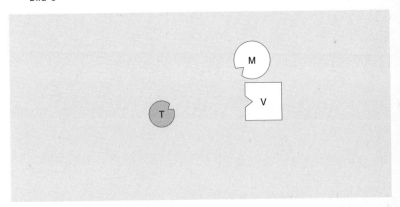

HELLINGER *zur Mutter* Sag ihr: »Halte dich da raus.«
MUTTER Halte dich da raus.
HELLINGER »Was zwischen mir und deinem Vater ist, geht dich nichts an.«
MUTTER Was zwischen mir und deinem Vater ist, geht dich nichts an.

Die Klientin beginnt heftig zu atmen, hält die Hand vor den Mund und bricht in lautes Schluchzen aus. Sie geht in die Hocke und schreit laut, wie aus großem Schmerz, und kann nicht an sich halten.

HELLINGER *zur Mutter* Sag es ihr noch einmal: »Wir sind deine Eltern.«
MUTTER Wir sind deine Eltern.
HELLINGER »Was zwischen uns los ist, geht dich nichts an.«
MUTTER Was zwischen uns los ist, geht dich nichts an.
HELLINGER »Dafür bist du zu klein.«
MUTTER Dafür bist du zu klein.

Die Klientin kann sich nicht beruhigen und schluchzt weiterhin laut.

HELLINGER *zur Klientin* Jetzt steh auf.
als sie aufgestanden ist Schaue deine Eltern an. Atme normal.

Sie kann sich noch immer nicht beruhigen.

HELLINGER Jetzt ziehe dich langsam zurück.

Hellinger führt sie einige Schritte zurück. Dann dreht er sie um.

Bild 7

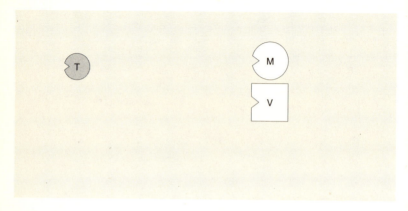

Die Klientin kann sich noch nicht beruhigen. Sie atmet tief und schluchzt laut.

HELLINGER Halte die Augen offen. Atme mit offenem Mund. Atme normal.

Sie atmet immer noch schwer.

HELLINGER *zur Gruppe* Ich habe ein seltsames Bild. Wir haben schon öfter in diesem Kurs den Ausbruch solch tiefer Gefühle erlebt. So etwas habe ich sonst noch nicht gesehen. Mein Bild ist, dass es zu tun hat mit dem Leid des chinesischen Volkes, vor allem dem Leid der chinesischen Frauen seit vielen Generationen. Es bricht hier in diesen Frauen durch. Doch es hilft niemandem. Es hilft weder denen, die gelitten haben, noch denen, die es jetzt, verspätet, zum Ausdruck bringen.
zu dieser Klientin Jetzt komme hierher.

Hellinger stellt sie vor das Publikum.

Bild 8

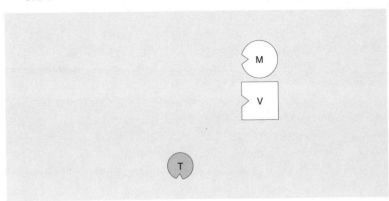

»Bitte lächelt mich freundlich an«

HELLINGER *zur Klientin* Stelle dir vor, du schaust auf all die Frauen, die so gelitten haben. Schau sie an. Lass die Augen auf und verneige dich vor ihnen mit tiefer Achtung.

Nach einer Weile verneigt sie sich tief und bleibt lange in dieser Verneigung. Dann richtet sie sich auf, wartet ein bisschen und verneigt sich noch einmal tief. So verharrt sie eine Weile und richtet sich wieder auf.

HELLINGER Sag diesen Frauen: »Bitte lächelt mich freundlich an.«
KLIENTIN Bitte lächelt mich freundlich an.

Es dauert eine Weile, dann beginnt sie zu lächeln. Sie richtet sich hoch auf und breitet ihre Arme aus.

HELLINGER Lass die Augen auf und schaue sie an. Ja, genau so.

Nach einer Weile lässt sie die Arme sinken und legt beide Hände vor ihre Brust. Sie atmet tief und weint still.

HELLINGER *nach einer Weile* Gut so?

Sie nickt und geht an ihren Platz zurück.

Meditation

HELLINGER *nach einer Weile zur Gruppe* Ich mache mit euch eine Meditation.

Macht die Augen zu. – So wie vorher sie, schaut nun auch ihr auf die vielen Millionen, die litten und starben. – Ihr schaut auf sie im Reich der Toten. Dort liegen sie, die vielen Millionen, die gelitten haben und die man verachtet hat. – Ihr schaut auch auf jene, die ihnen dies angetan haben, die Täter. – Auch sie sind tot. Die Opfer sind tot, und die Täter sind tot. – Im Reich der Toten schauen sie sich alle an, sehen, was sie erlitten haben, sehen, was sie anderen angetan haben. – Und sie beginnen zu weinen. – Endlich weinen sie.

Dann erheben sie sich alle und wenden sich gen Osten zum Horizont. Dort zeigt sich ein weißes Licht. Sie verneigen sich vor diesem weißen Licht mit Andacht. Mit ihnen verneigt auch ihr euch vor diesem weißen Licht. Dann lasst ihr sie in dieser Verneigung und zieht euch langsam zurück, bis sie für euch in der Ferne entschwinden. Ihr wendet euch um, kommt zurück ins Reich der Lebenden – und schaut nach vorn.

Die Grundlagen des Familien-Stellens[*]

Das Familien-Stellen ist auf der einen Seite eine Methode, und auf der anderen Seite liegen dieser Methode wichtige Einsichten zugrunde. Die wichtigste Einsicht hinter dem Familien-Stellen ist, dass jede Therapie erst dann gelungen ist, wenn jemand im Einklang ist mit seinen Eltern. Wo das gelungen ist, das Anerkennen der Eltern und das Nehmen des Lebens von ihnen mit aller Liebe, ist der Einzelne gerüstet für alles, was im Leben auf ihn zukommt. Das ist die wichtigste Ordnung der Liebe.

Der Einklang mit den Eltern

Wenn daher jemand einem anderen über das Familien-Stellen helfen will, kann er dies nur, wenn ihm selbst der Einklang mit seinen Eltern gelungen ist und – das ist ganz wichtig – wenn ihm der Einklang mit den Eltern seiner Klienten gelungen ist. Wer die Eltern seiner Klienten nicht in sein Herz nehmen kann mit all der Achtung, die ihnen gebührt, kann die Seele des Klienten nicht erreichen. Also, auf eine doppelte Weise ist es notwendig, mit den Eltern versöhnt zu sein, mit den eigenen und mit den Eltern von denen, mit denen wir arbeiten.

Vielleicht mache ich eine kleine Übung mit euch, in der wir Schritt für Schritt in unserer eigenen Seele nachvollziehen, was es bedeutet, mit den Eltern im Einklang zu sein.

Wenn ihr wollt, könnt ihr die Augen schließen und euch sammeln. Stellt euch vor, ihr steht vor euren Eltern und schaut sie an. Vielleicht geht ihr sogar auf die Knie vor ihnen, schaut ihnen in die Augen und sagt: »Danke.« Dann schaut ihr auf das, wofür ihr eigentlich dankt. Ihr dankt für etwas, was den Eltern nicht gehört. Ihr dankt für das Leben, das sie an euch weitergegeben haben, das Leben, das sie selbst von ihren Eltern empfangen haben und das durch sie nur hindurchfließt, bis es euch erreicht. So stehen die Eltern in einer langen Reihe. Hinter ihnen stehen ihre Eltern, hinter ihren Eltern stehen deren El-

---

[*] Vortrag während der Internationalen Arbeitstagung in Toledo, Dezember 2001.

tern, und so geht es weiter durch hunderte und tausende Generationen, bis sich das in der Ferne verliert und wir nur erahnen können, von woher das Leben kommt. Durch alle diese Generationen fließt es in seiner Fülle. Niemand, der es empfing und weitergab, konnte etwas hinzufügen oder wegnehmen. Wie immer die Einzelnen auch waren, gut oder böse, es hat das Leben nicht beeinflusst. Es kommt in seiner Fülle bis zu uns.

Es bleibt bei uns nicht stehen. Es fließt weiter, an die eigenen Kinder, die Enkel, die Urenkel und die vielen Generationen, die noch kommen. So stehen auch wir in dieser Reihe als solche, die empfangen haben und die weitergeben. Es spielt dabei keine Rolle, wie wir sind, gut oder böse, besonders begabt oder weniger begabt, arm oder reich. In dieser Hinsicht, im Nehmen und Weitergeben des Lebens, sind wir allen anderen gleich.

Das Eigene

Und doch hinterlässt jeder eine Spur, etwas vom Eigenen beeinflusst sowohl was wir empfangen wie auch das, was wir weitergeben. Schicksale zum Beispiel, Krankheiten manchmal, Erfolg und Misserfolg. Auf diese Weise wird das Leben, das wir empfangen haben, näher bestimmt, gewinnt vielleicht an besonderer Fülle und Kraft, stellt besondere Herausforderungen an uns. Wir bekommen es also auch auf eine je besondere Weise.

Die Andacht

Wie gehen wir jetzt damit um? Wir verneigen uns vor dem Leben, wie es uns zukommt, mit allem, was dazu gehört, und nehmen es so in unser Herz und in unsere Seele. Indem wir es so nehmen und uns vor dem verneigen, was alles steuert, wissen und erfahren wir, was Hingabe ist und Andacht. So wird das Nehmen des Lebens, wie es ist, zu einem religiösen Vollzug, zum eigentlichen religiösen Vollzug. Es ist ein Akt letzter Demut. Wenn wir das in uns Raum greifen lassen, spüren wir die besondere Kraft.

Nachdem wir das so in uns aufgenommen haben, schauen wir vielleicht auf andere, mit denen wir zu tun haben. Vor allem auf solche, die zu uns kommen und um Hilfe bitten. Wir stellen uns neben sie und schauen mit ihnen auf deren Eltern und Großeltern und Urgroßeltern, auf die vielen Generationen hinter ihnen und verneigen uns mit ihnen vor ihren Eltern und dem besonderen Schicksal, das ihnen durch ihr Leben aufgetragen ist. Auch das ist ein religiöser Vollzug. In diesem Einklang mit dem eigenen und dem anderen Schicksal spüren wir, wie weit wir gehen können und dürfen, wenn wir mit jemandem seine Familie stellen.

Der Einklang

Wenn wir durch diese Übung hindurchgehen und wir uns dafür geöffnet haben, wissen wir, was es heißt, bei dieser Arbeit ohne Absicht zu sein und ohne Furcht. Wir sind im Einklang mit größeren Kräften, die über unsere Vorstellungen und über unser Studium und über unser Lernen weit hinausgehen. Im Einklang mit dem Leben in diesem weiteren Sinn können wir bei einem Klienten warten, bis diese Kräfte in ihm wirksam werden. Wir unterstützen ihn nur, soweit es notwendig ist und soweit wir das dürfen. In dieser Grundhaltung sind wir fähig für das Familien-Stellen im Dienst der Versöhnung.

Die Versöhnung

Was ist das Wesentliche beim Familien-Stellen? Es bringt zusammen, was sich entgegengesetzt war. Wenn in einer Familie jemand ausgeschlossen war, zum Beispiel weil wir ihn als böse betrachten oder weil wir ihn als behindert betrachten oder weil wir ihn vergessen haben, dann ist etwas gestört in dieser Familie. Beim Familien-Stellen kommt das, was ausgeklammert war, wieder herein. So wird etwas Unvollkommenes vervollständigt. Dann tritt in dieser Familie wieder der Friede ein.

Täter und Opfer

Besonders deutlich wird das, wenn wir es in einer Familie zu tun haben mit Tätern und Opfern. Wenn es in einer Familie Opfer gibt, werden die Täter ausgeschlossen. Und wenn es in einer Familie Täter gibt, werden oft die Opfer ausgeschlossen. Dann entsteht eine Verwirrung in dieser Familie. Das hat damit zu tun, dass hinter dem, was wir sonst als wichtig anschauen, ein unbewusstes kollektives Gewissen wirkt, das nicht duldet, dass irgendjemand ausgeschlossen wird. In letzter Zeit wurde das für mich immer deutlicher.

Ich bringe ein Beispiel. Vor wenigen Wochen war ich in Israel und habe an der Ben Gurion Universität vor Studenten und Professoren das Familien-Stellen vorgestellt. Ich wollte nur kurz demonstrieren, was es bewirkt, wenn man Personen aufstellt, und habe eine Frau gebeten, nur Vater und Mutter und sich selbst aufzustellen. Das hat sie gemacht. Da stand dann der Vater, etwas weiter weg von ihm die Mutter, und die Frau selbst stand abseits, von den anderen abgewandt. Der Vater hat auf den Boden geschaut. Plötzlich sahen wir: In dieser Familie ist etwas Besonderes passiert. Ich habe nachgefragt, und die Frau sagte, dass viele aus ihrer Familie im Holocaust umgekommen waren.

Dass der Vertreter des Vaters auf den Boden geschaut hat, bedeutete, dass er auf die Toten schaute. Und dass die Vertreterin der Frau abgewandt dastand, bedeutete, sie will gehen und vielleicht sogar sterben. So wurde aus dieser einfachen Demonstration eine Aufstellung, die Wesentliches ans Licht gebracht hat. In diesem Zusammenhang ist es vielleicht wichtig zu wissen, dass es bei den wesentlichen Aufstellungen fast immer um Leben und Tod geht. Wenn man beim Vordergründigen bleibt, erreicht man nicht die eigentliche Tiefe.

Wir haben dann Stellvertreter für die Opfer aufgestellt. Diese wurden aber von den Überlebenden nicht angeschaut. Das findet man sehr häufig in solchen Familien. Die Überlebenden und ihre Nachkommen haben Angst, die Opfer anzuschauen. Dann habe ich noch zwei Stellvertreter für die Täter aufgestellt. Das Merkwürdige war: Am Ende kam der Segen für diese Klientin, dass sie am Leben bleiben kann und darf, von den Tätern.

Hier konnten wir sehen, dass der Segen von denen kommt, die am meisten ausgeschlossen sind. Deswegen muss der Helfer, in Fortführung der Übung, die ich vorhin hier angeboten habe, die Täter genauso in sein Herz nehmen wie alle anderen auch. Er muss auch die Eltern der Täter und ihre Großeltern in sein Herz nehmen. Er muss auch die Täter in einem großen Zusammenhang sehen. Nur dann kann er zur Versöhnung beitragen.

Das kollektive Gewissen

Ich komme jetzt zurück zum unbewussten kollektiven Gewissen. Dieses kollektive Gewissen sorgt dafür, dass niemand ausgeschlossen bleibt, dass also auch in einer Familie von Opfern die Täter nicht ausgeschlossen bleiben und in einer Familie von Tätern nicht die Opfer.

Dieses kollektive unbewusste Gewissen setzt noch eine andere Ordnung durch. Diese Ordnung verlangt, dass die Früheren Vorrang haben vor denen, die später kommen, dass also die Eltern Vorrang haben vor den Kindern und der Erstgeborene Vorrang hat vor dem Zweitgeborenen usw. Aber unter dem Einfluss unseres persönlichen Gewissens wird diese Ordnung oft übertreten. Zum Beispiel wenn ein Kind für die Sünden seiner Eltern sühnen will, erhebt es sich über seine Eltern. Das wird vom unbewussten kollektiven Gewissen geahndet. Jeder Versuch in dieser Richtung ist zum Scheitern verurteilt. Darüber hinaus bestraft sich das Kind unter dem Einfluss des kollektiven unbewussten Gewissens selbst für die Übertretung dieser Ordnung.

Ich mache in diesem Zusammenhang auf etwas Wichtiges aufmerksam. Auch der Helfer ist ein Späterer. Viele Helfer erheben sich über die Eltern der Klienten im Sinne von, dass sie es besser machen können als sie. Dadurch greifen sie in die Angelegenheiten der Früheren ein. Dann scheitert die Therapie. Auch hier gilt, dass der Helfer äußerste Zurückhaltung üben muss, damit er im Einklang mit dem kollektiven unbewussten Gewissen nur das tut, was ihm dieses Gewissen gestattet.

Neue Wege

In letzter Zeit hat sich das Familien-Stellen in eine gewisse Richtung entwickelt. Aus den Einsichten, die ich gerade erwähnt habe, ergibt sich, dass es besser ist, wenn man sich eher zurückhält, als dass man etwas unternimmt. Dann kommt der Klient in Berührung mit Kräften aus seiner Familie und aus seiner Seele, die Lösungen aufzeigen, wie sie uns, wenn wir nur unseren Überlegungen und unseren Erfahrungen folgen, nicht zugänglich sind.

Ich bringe ein Beispiel. In Japan sagte eine Frau, sie wolle nicht nach Hause gehen, weil ihre Mutter sie ablehne. Dann haben wir eine Stellvertreterin aufgestellt für sie und eine Stellvertreterin für ihre Mutter ihr gegenübergestellt. Plötzlich zeigte das Gesicht der Vertreterin der

Klientin eine fast mörderische Aggression. Ich habe ihr gesagt, sie solle der Mutter sagen: »Ich will dich umbringen.« Es ist gewagt, so etwas vorzuschlagen, aber das stand auf ihrem Gesicht. Die Vertreterin hat gezögert. Also habe ich die Klientin selbst hineingestellt und sie der Mutter sagen lassen: »Ich will dich umbringen.« Das hat sie gesagt mit voller Aggression. Ich habe sie gefragt: »Stimmt der Satz?« Sie sagte: »Nicht ganz. Aber ich will, dass sie stirbt.« Nun, das ist ungefähr das Gleiche.

Aus meiner Erfahrung weiß ich: Wer so etwas in seiner Seele fühlt, kann nicht leben. So jemand bringt sich manchmal um. Ich habe aber nichts gemacht. Ich habe gesehen, hier darf ich nicht weitermachen, das steht mir nicht zu. Daher habe ich die Aufstellung abgebrochen. Danach habe ich sie vergessen. Das ist die äußerste Zurückhaltung, wenn man den Klienten vergisst. Damit baut sich nämlich ein Feld auf, in dem ihm jede Möglichkeit des Ausweichens genommen wird. Er kann nicht ausweichen auf den Helfer, weil der sich nicht in diesem Feld aufhält. Damit wird er voll auf die eigene Seele zurückgeworfen.

Am nächsten Tag, kurz vor Ende des ganzen Seminars, hat sie sich gemeldet und gefragt, ob ich noch einmal mit ihr arbeiten würde. Sie war ganz aufgelöst. Dann habe ich eine Ahnenreihe aufgestellt, zuerst ihre Mutter, hinter die Mutter deren Mutter, dahinter deren Mutter und deren Mutter, acht Generationen und davor die Klientin selbst. Die Klientin hat ihre Mutter angeschaut, doch es kam von ihrer Mutter keine Liebe zu ihr. Dann habe ich die Mutter umgedreht zu ihrer Mutter, und es kam auch nichts von deren Mutter. Dann hat sich deren Mutter von selbst umgedreht zu ihrer Mutter und die nächste zu ihrer Mutter, bis zur letzten. Die letzte, die achte, hat die Fäuste geballt voller Wut und hat auf den Boden geschaut. Auf den Boden schauen heißt ja beim Familien-Stellen, sie schaut auf einen Toten. Von der Art und Weise, wie sie sich verhalten hat, war klar, hier handelte es sich um einen Mord. Ich habe einen Mann auf den Rücken vor diese achte Ahnin gelegt. In diesem Augenblick ging die Klientin zu Boden, ist zu dem Toten hingekrochen, hat laut geschluchzt und hat ihn umarmt. Danach konnte die Mutter dieses Toten sich ihm ebenfalls zuwenden. Über acht Generationen hat hier ein Verbrechen weitergewirkt. Dann habe ich den Toten aufstehen lassen und ihn neben seine Mutter gestellt. In dem Augenblick konnte sich ihre Tochter umdrehen zu ihrer Tochter, und die Liebe floss. Auch diese Tochter hat sich umgedreht, und die Liebe floss. So ging es weiter, bis zur Mutter der Klientin. Die

Klientin hat sich vor ihre Mutter gestellt, sich hingekniet, ist zu ihr rübergekrochen, hat ihre Beine umfasst, hat laut geschluchzt, hat sie angeschaut und gesagt: »Liebe Mama.«

Das sind die anderen Dimensionen des Familien-Stellens. Diese Aufstellung konnte nur gelingen, weil die einzelnen Stellvertreter voll mit der Bewegung ihrer Seele gingen und etwas ablaufen konnte, was jenseits unseres Planens und unserer Vorstellungen liegt.

Der Seele trauen

Diese Bewegungen gehen noch weiter. Auch dazu ein Beispiel. In Japan hat sich manchmal ein Klient neben mich gesetzt, und ich habe nichts mit ihm gemacht. Ich habe mich nur mit einer größeren Kraft innerlich verbündet und diese Kraft wirken lassen. Dann lief bei ihm ein Prozess ab, ohne irgendeine Einflussnahme von meiner Seite. Es hat manchmal eine Viertelstunde gedauert, und scheinbar ist nichts geschehen. Doch alle in der Gruppe waren voll gesammelt und haben es durchgehalten. Dann, nach dieser langen Zeit, macht der Klient die Augen auf, nickt mir zu und geht an seinen Platz.

Ist das noch Familien-Stellen? Oh ja! Das sind unsichtbare Familienaufstellungen. Sie laufen innerlich ab und brauchen nicht dargestellt zu werden. Auch das zeigt, wie das Familien-Stellen sich weiterentwickelt hat.

Aber alles beginnt mit dem Anfang, von dem ich zu Beginn gesprochen habe.

Spanien und die Neue Welt

Vorbemerkung

Zu einem Kurs für Psychose-Patienten in Palma de Mallorca im November 2002 kam eine Mutter mit ihrem psychotischen Sohn. Bei der Aufstellung zeigte sich, dass der Vater des Patienten auf viele tote Opfer schaute, dass es ihn zu diesen Toten zog und dass sein Sohn mit ihm oder statt seiner zu diesen Toten wollte.

Anschließend wurde eine Ahnenreihe aufgestellt, um herauszufinden, in welcher Generation es tote Opfer gab, denn bei Psychosen kann man oft sehen, dass der Patient zugleich mit einem Täter und einem Opfer identifiziert ist, manchmal mehrere Generationen zurück. Es wurden daher neun Männer hintereinander aufgestellt. Jeder vertrat eine Generation, angefangen vom Vater des Patienten und weiter über die Großvatergeneration, die Urgroßvatergeneration usw. Wenn die Stellvertreter gesammelt sind, zeigt sich nach einiger Zeit, in welcher Generation das entscheidende Ereignis liegt.

In dieser Ahnenreihe zeigte sich, dass es bis in die Zeiten der Eroberung der Neuen Welt zurückreichen musste, sodass in dieser Aufstellung ans Licht kam, wie diese Ereignisse in der Gegenwart in vielen Seelen noch nachwirken. Der Bericht hier beginnt mit dem Aufstellen der Ahnenreihe.

Die Eroberer und ihre Opfer

HELLINGER *zur Gruppe* Ich möchte etwas ausprobieren und zugleich demonstrieren.

Hellinger wählt noch einmal den Vater des Patienten und acht andere Männer aus und stellt sie hintereinander auf.

Bild 1

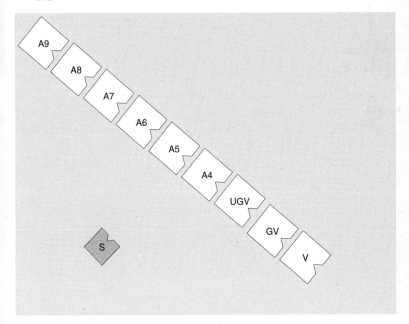

V	Vater
GV	Großvater
UGV	Urgroßvater
A4	Vierter Urahne
A5	Fünfter Urahne
A6	Sechster Urahne
A7	Siebter Urahne
A8	Achter Urahne
A9	Neunter Urahne
S	**Sohn (= der Patient)**

HELLINGER *zur Gruppe* Das ist jetzt eine Ahnenreihe. Das sind Generationen: die Generation des Vaters, des Großvaters, des Urgroßvaters usw.

Hellinger stellt auch den Sohn, den Psychose-Patienten dazu.

HELLINGER *zur Gruppe* Bei Psychosen liegt oft etwas viele Generationen zurück. Bei so einer Ahnenreihe kann man feststellen, in welcher Generation das Ereignis passiert ist, das bis in die Gegenwart weiterwirkt.
zu den Stellvertretern Ihr seid jetzt alle gesammelt. Wenn ihr spürt, dass etwas in Bewegung kommt, gebt ihr dem nach.
zum Sohn Und wir schauen uns das an.

Der Vater wendet sich etwas nach rechts und schaut auf den Boden. Der vierte Ahn schiebt die Männer vor ihm etwas nach vorn. Der fünfte und sechste Ahn folgen nach. Der Vater hat sich umgewandt und schaut auf die Generationen hinter ihm. Der sechste Ahn schaut kurz zurück und rückt dann zu den anderen vor ihm auf, die nun dicht gedrängt stehen. Die Ahnen vier bis sechs lehnen ihren Kopf an den Rücken der Ahnen vor ihnen.

So entsteht zwischen dem sechsten und siebten Ahn eine Lücke.

Bild 2

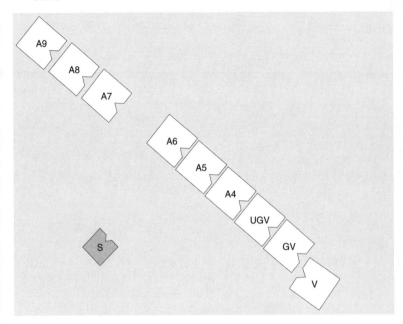

Der achte Ahn hat seine Hände auf die Schultern des siebten Ahn vor ihm gelegt. Der sechste Ahn schaut gelegentlich wieder zurück. Es scheint, dass die Ahnen vier bis sechs sehr bedrückt sind. Sie stehen gebeugt und schauen zu Boden.

Hellinger legt nun einen Stellvertreter für die toten Opfer zwischen die Ahnen sechs und sieben auf den Boden. In dem Augenblick dreht sich der Vater um und lehnt sich an seinen Vater. Die Ahnen hinter ihm, bis zu Ahn fünf, drängen weiter nach vorn, als wollten sie dem, was hinter ihnen liegt, entfliehen.

Der sechste Ahn tritt etwas zur Seite und schaut auf den Toten. Auch der achte Ahn schaut auf den Toten, während der siebte Ahn den Kopf nach links dreht, als wolle er nicht hinschauen.

Bild 3

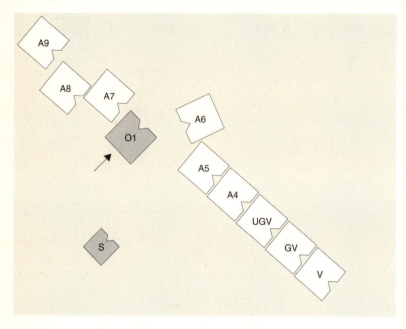

O1 Erstes Opfer

Der siebte Ahn dreht sich noch mehr nach links. Hellinger wählt einen weiteren Vertreter für ein Opfer aus und legt es in dessen Blick.

Bild 4

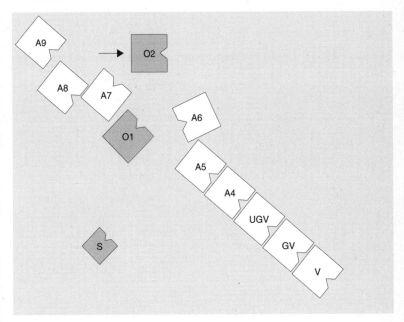

O2   Zweites Opfer

Die Ahnen vier und fünf drängen noch weiter von den Toten weg. Hellinger dreht sie aber etwas, damit sie hinschauen müssen. Auch der Urgroßvater schaut zu den Toten. Der Sohn ist näher getreten.

Bild 5

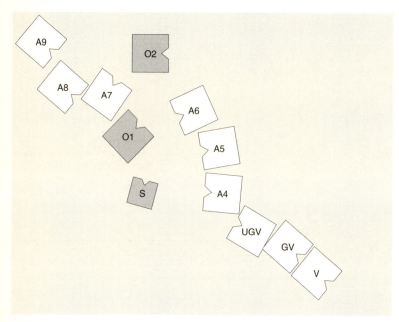

Der achte Ahn hält den siebten Ahn bei der Schulter. Dieser wehrt sich jedoch dagegen und verschränkt seine Arme vor der Brust. Das erste Opfer streckt seine linke Hand nach oben. Daraufhin dreht der achte Ahn den siebten, sodass er hinschauen muss. Dann dreht das Opfer sich zur Seite und berührt mit einer Hand die Füße des siebten Ahns. Der fünfte Ahn ist inzwischen in die Hocke gegangen.

Der siebte Ahn beginnt, laut zu schluchzen, hält aber immer noch die Arme vor der Brust verschränkt. Er lehnt sich an den achten Ahn und muss gehalten werden, damit er nicht zu Boden sinkt.

Hellinger führt nun den Sohn zu seinem Vater. Sie halten sich zuerst bei den Armen und umarmen sich dann innig und fest.

Bild 6

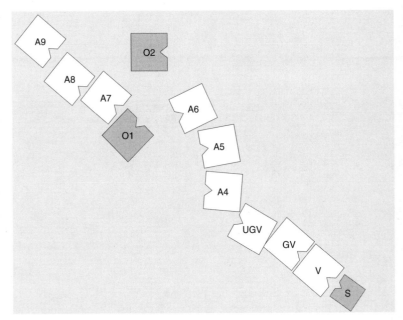

Das erste Opfer rückt näher an den siebten Ahn. Dieser schluchzt weiterhin heftig. Er geht mit dem achten Ahn zum ersten Opfer hinunter. Nach einer Weile zieht der achte Ahn das erste Opfer zu sich. Er und der siebte Ahn, der noch immer schluchzt, streicheln das Opfer und nehmen es zu sich. Der neunte Ahn tritt zu dieser Gruppe, wendet sich dann aber ab.

Der Großvater und der Urgroßvater umfassen von hinten eng den Vater und den Sohn. Sie bilden nun eine eigene Gruppe, so als wollten sie mit dem Geschehen in den Generationen vor ihnen nichts zu tun haben. Auch die Ahnen vier bis sechs schließen sich dieser Gruppe an.

Nach einer Weile bilden sie einen Kreis um den Sohn und umarmen sich fest.

Bild 7

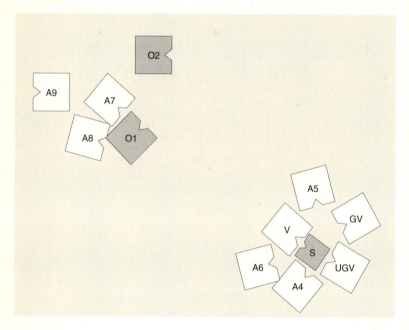

HELLINGER *nach einer Weile* Es war auffällig, als der erste Tote hingelegt wurde, konnte sich der Vater umdrehen. Also, was vorher abgelaufen war *(dass er in der Aufstellung, die dieser voranging, auf viele Tote geschaut hat),* hat mit etwas zu tun, das viele Generationen vorher passiert ist. Und wen umarmen die dort? Einen Toten. Denn der Sohn vertritt die Toten in den Generationen zurück.

zur Gruppe Jetzt macht mal die Augen zu. Ich habe ein seltsames Bild. Was wir hier sehen, ist vielleicht eine Nachwirkung dessen, was Spanier anderen angetan haben. Den Mauren zum Beispiel. Hier auf Mallorca wurden ja alle Mauren umgebracht. Und dann in der Neuen Welt.

Jetzt können wir ihnen allen einen Platz in unserem Herzen geben – allen, auf deren Kosten Spanien reich wurde. – Und sie mit Liebe anschauen – alle. – Und auch auf die Täter schauen und ihnen innerlich gestatten, dass sie zu ihren Opfern gehen, auf sie schauen und sich zu ihnen legen. – Und alle die Toten, die Opfer stehen auf wie ein gewaltiges Heer und sagen: »Wir sind noch da.« – Und das helle Kreuz wird dunkel.

Inzwischen hat sich der siebte Ahn neben den Toten gelegt und umarmt ihn.

Bild 8

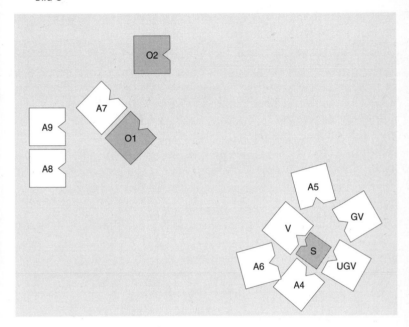

HELLINGER *zu den Stellvertretern* Das war's. Danke euch allen.

zum Sohn, dem Klienten Wie geht es dir?
SOHN Ich bin ruhiger.
HELLINGER Die haben viel für dich getan. Wo ist dein Weg?
SOHN Nach vorn.
HELLINGER Zu den Männern. Okay?

Er nickt.

ZWISCHENBETRACHTUNG

Die Seele*

Die Seele ist eine Kraft, die Getrenntes verbindet und es in eine bestimmte Richtung steuert. Zum Beispiel ist das Zusammenspiel unserer Organe nur möglich, weil es eine Kraft gibt, die sie verbindet und steuert. So erleben wir die Seele in uns selbst.

Gleichzeitig verbindet die Seele die Mitglieder einer Familie und steuert sie in eine bestimmte Richtung. Auch das ist Seele, erweiterte Seele. Diese Seele duldet nicht, dass irgendetwas ausgeschlossen ist. Auch hier wollen die Bewegungen der Seele etwas verbinden, was getrennt ist. Die größere Seele, diese Familienseele, ergreift zum Beispiel die Stellvertreter in einer Familienaufstellung. Sie werden von ihr gleichsam in Besitz genommen und bewegen sich in eine Richtung, an deren Ende die Bewegung etwas verbindet, was getrennt war.

Manchmal können wir uns vorstellen, was das Entscheidende wäre, das verbindet, und wir wissen aus bestimmten Erfahrungen, was die Lösung am Ende sein kann und vielleicht auch sein muss. Viele dieser Lösungen sind beschrieben in meinem Buch *Ordnungen der Liebe*. Diese Ordnungen zeigen sich beim Familien-Stellen und haben in vielen Familien dazu beigetragen, dass Getrenntes sich wieder verbindet.

Wenn es aber um sehr schwerwiegende Dinge und um besondere Schicksale geht, gehen die Bewegungen der Seele oft in eine andere Richtung, als wir uns das vorstellen und vielleicht auch wünschen. Zum Beispiel führen sie manchmal in den Tod, sodass der Tod unabwendbar erscheint. Doch wenn wir dieser Bewegung trauen, ohne einzugreifen, ohne uns dem entgegenzustellen, dann nimmt die Bewegung manchmal am Ende auf unerwartete Weise eine Wendung, sodass sich eine Lösung zeigt, die wir nicht vorhersehen konnten und die weit über das hinausgeht, was wir uns wünschen können. Am Ende erkennen wir dann vielleicht, dass wir mit Größerem verbunden waren, vor dem unser Denken und Wünschen versagt.

Wenn wir sehen, was da abläuft, möchten wir es manchmal besser verstehen, und ich habe den Verdacht, dass viele von euch denken, ich

---

* Aus dem Kurs für Psychose-Patienten in Palma de Mallorca, November 2002.

verstünde es, würde es euch aber nicht verraten. Doch ich weiß es auch nicht. Ich schaue es nur an und sehe die Wirkung, die es hat.

Am Ende einer solchen Bewegung steht der Ernst. Hier hört jedes Spiel auf. Und es führt zu einer besonderen inneren Sammlung, und zwar nicht nur bei den Stellvertretern und den Patienten, sondern auch bei allen, die mit dabei sind und in ihrer Seele diese Bewegung mitvollziehen. Aus dieser Sammlung heraus und aus dem Ernst kann man schließen, dass das, was abgelaufen ist, Bedeutung hat, auch wenn wir es nicht verstehen.

Beim Familien-Stellen, so wie es viele kennen, reichen wir sehr oft nur bis an die Großeltern zurück, vielleicht noch an die Urgroßeltern. Innerhalb dieser Generationen bekommen wir ein deutliches Bild, mit wem jemand verstrickt ist. Doch oft reichen die Verstrickungen noch weiter zurück. Bei manchen Aufstellungen kann man sehen, dass über viele Generationen zurück etwas Entscheidendes passiert ist, das man nicht mehr fassen kann, das uns aber in der Gegenwart noch beeinflusst. Bei Psychosen werden die Patienten sehr oft von der weiter zurückliegenden Vergangenheit beeinflusst. Auch bei den Indios in Amerika, sowohl in Nordamerika und in Südamerika, kann man sehen, dass sie von dem, was vor Jahrhunderten passiert ist, noch intensiv beeinflusst werden, ohne dass man es festmachen kann.

Soweit ich das bisher sehen konnte, ist es immer dasselbe, was diese Wirkung hat, was Schicksale der späteren Generationen so intensiv beeinflusst. Es ist immer ein Mord oder viele Morde.

Was passiert nun mit jemandem, der einen anderen umgebracht hat. Er verliert seine Seele. Dann wird diese Seele gesucht. Wenn der Mörder sie nicht findet, suchen die späteren Generationen diese Seele. Und wo ist diese Seele? Beim Opfer. Dort, beim Opfer, kann man sie zurückholen. Deswegen braucht es, wenn wir diese großen Lösungen suchen, die zum Frieden führen, den Blick auf die Opfer und das Weinen über ihr Schicksal mit tiefem Mitgefühl. So nehmen wir sie in unsere Seele. Damit nehmen wir auch die verlorene Seele der Täter in unsere Seele. Erst dann kann das Vergangene vorbei sein.

Beispiel: Verloren und gefunden*

HELLINGER *zu einer Klientin* Um was geht es?
KLIENTIN Mein Sohn, zwanzig Jahre alt, hat ein Symptombild, das von Zwangsvorstellungen bis zur Schizophrenie reicht.
HELLINGER Wo ist die verlorene Seele? Bei wem? Wo hält sie sich auf?
KLIENTIN Ich weiß es nicht. Geräusche stören ihn sehr.
HELLINGER Ich weiß, wo sie ist. Ich weiß es von dem, was du uns vorhin erzählt hast. Zumindest weiß ich, wo wir sie suchen können. Bei wem?
KLIENTIN Beim Vater, bei dieser alten Geschichte aus der Familie des Vaters, von der wir nicht viel wissen.
HELLINGER Du hast es mir vorhin gesagt. Ich weiß es bereits. Okay, ich werde es vorführen. Ich traue hier den Bewegungen der Seele.

---

* Aus dem Kurs für Psychose-Patienten in Palma de Mallorca, November 2002.

Hellinger wählt einen Stellvertreter für den Sohn aus und stellt ihm eine Frau gegenüber.

Bild 1

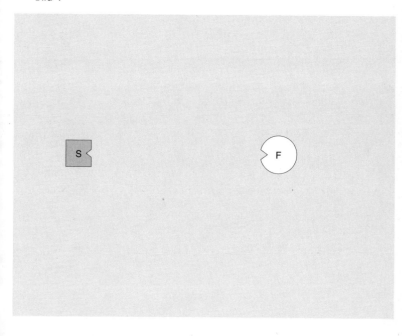

S **Sohn**
F Frau, nicht gesagt, wen sie vertritt

Beide schauen sich lange an. Nach einer Weile bewegt der Sohn nervös seine Finger.

Hellinger wählt einen Stellvertreter für den Vater des Sohnes aus und stellt ihn der Frau gegenüber.

Bild 2

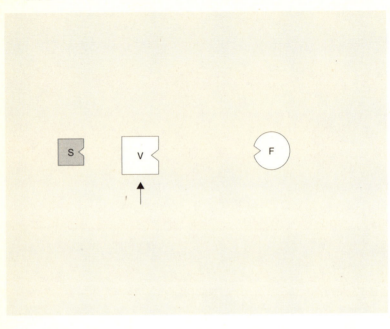

V   Vater

Der Sohn wird ruhiger und schaut auf den Boden. Die Frau geht einige Schritte auf den Mann zu und streckt ihm die Hände entgegen. Der Mann zieht die Schultern hoch, geht sehr langsam auf die Frau zu und bewegt zwanghaft die Lippen. Als die Frau seine Hände berührt, zieht er die Schultern noch höher. Er beugt sich vor, legt den Kopf auf die linke Schulter der Frau. Sie zieht seinen Kopf mit dem linken Arm zu sich herunter, während er seine Arme hängen lässt. Dann zieht er seine Schultern noch höher, lässt seine Arme schwer auf die Schultern der Frau fallen, zieht sie heftig an sich und ringt mit ihr, sodass sie Angst bekommt und sich zu befreien sucht.

HELLINGER Stopp!

Der Stellvertreter des Vaters lässt los, und die Frau befreit sich.

Bild 3

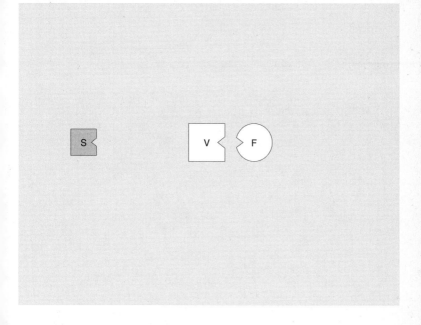

HELLINGER *zur Gruppe* Diese Frau ist die erste Frau des Vaters. Es wurde gesagt, dass er sich von ihr getrennt hat, weil sie sich umbringen wollte. Doch was ist wirklich passiert? Die Aufstellung zeigt: Er wollte sie umbringen.

Der Stellvertreter des Vaters ist sehr bewegt. Er atmet schwer und weint. Der Sohn hat seine Schultern hochgezogen und hält die Hände vor seinen Bauch. Dabei bewegt er die Finger heftig und schaut auf den Boden.

HELLINGER *zur Gruppe* Der Sohn hat Zwangsgedanken und liegt seit drei Jahren im Bett. Das schützt ihn davor, ein Mörder zu werden.

Der Stellvertreter des Vaters geht wieder langsam auf die Frau zu. Man sieht, dass er seine aggressiven Impulse kaum beherrschen kann.

HELLINGER Stopp!

HELLINGER *zur Gruppe* Hier können wir nicht weiterkommen, denn er ist verstrickt. Wir müssen also schauen, was in seiner Familie passiert ist, dass er diese Impulse hat. Daher mache ich eine Männerreihe, in der die einzelnen Stellvertreter die Generationen vertreten, so wie gestern schon einmal.

Hellinger wählt acht Stellvertreter für die Ahnenreihe aus und stellt sie hinter den Vater. Den Sohn stellt er zur Seite.

Bild 4

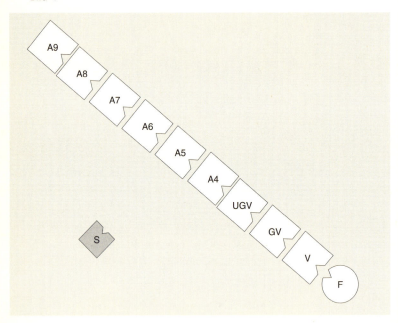

GV	Großvater
UGV	Urgroßvater
A4	Vierter Ahn
A5	Fünfter Ahn usw.

Der Vater hat sich gebeugt und seine Kopf an die Brust seiner ersten Frau gelegt. Er legt die Arme um sie und sie ihre Arme um ihn. Der sechste Ahn droht nach hinten zu kippen, der siebte Ahn schaut auf den Boden. Der achte Ahn sinkt langsam nach rechts und schaut auf den Boden.

Hellinger wählt eine Stellvertreterin für ein Opfer aus und legt sie in den Blick dieser Ahnen auf den Boden.

Bild 5

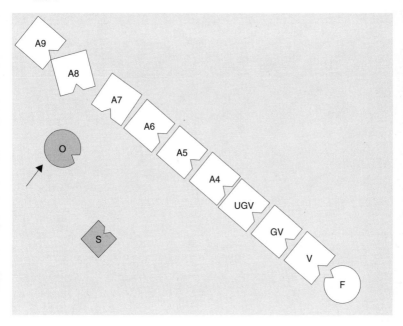

O   Opfer

Hellinger legt den Sohn neben das Opfer. Dieses fasst mit der Hand nach der seinen.

HELLINGER *zum Sohn* Wie ist das hier?
SOHN Ich bin immer noch unruhig.
HELLINGER *nach einer Weile zum achten Ahn, der schon tief nach rechts gesunken ist* Leg du dich daneben.

Er legt sich neben das Opfer. Der vierte, fünfte, sechste und siebte Ahn schauen auf ihn und das Opfer auf dem Boden. Der neunte Ahn hat sich weggedreht. Der Vater sinkt immer tiefer zu Boden.

Bild 6

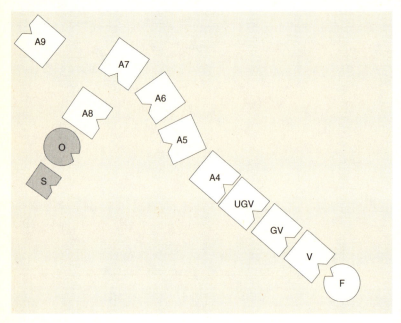

Als der achte Ahn sich neben das Opfer gelegt hat, rückt dieses von ihm weg.

HELLINGER *zur Gruppe* Das Opfer fasst den Sohn bei der Hand und ist von dem Mann neben ihr weggerückt.
zum Sohn Schau mal rüber zu ihr.

Der Sohn und das Opfer schauen sich an, während sie nebeneinander liegen.

HELLINGER *zum Vater* Jetzt schau auch du dorthin.

Der Vater und auch die meisten Ahnen hinter ihm schauen zum Opfer.

Bild 7

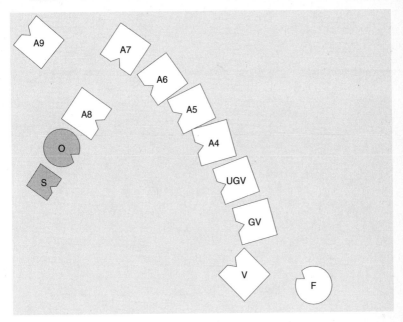

Der achte Ahn wendet sich wieder den anderen zu. Der Sohn und das Opfer umarmen sich innig. Er streichelt ihr über die Wange.

HELLINGER *zur Gruppe* Jetzt findet er die Seele.

Der sechste Ahn kniet sich neben den achten Ahn auf den Boden, streichelt ihn, umarmt ihn und legt sich neben ihn. Der neunte Ahn hat sich wieder umgedreht. Der siebte Ahn stellt sich hinter den sechsten.

Bild 8

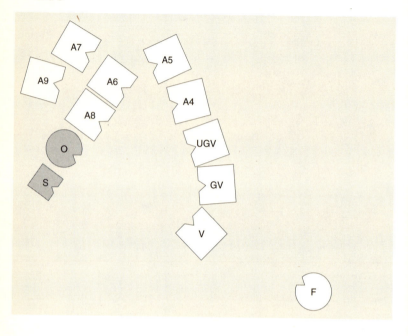

Nun geht der Vater langsam zu Boden und kniet sich hin. Die Frau legt sich neben ihn auf den Boden. Daraufhin legt auch er sich neben sie. Der Großvater und der Urgroßvater wenden sich ihnen zu.

Bild 9

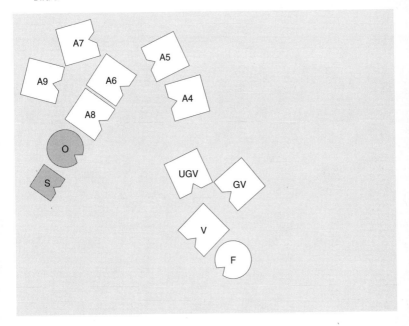

HELLINGER *zum Sohn* Wie geht es dir jetzt?
SOHN Ich bin in Frieden.
HELLINGER *zum Opfer* Dir?
OPFER Ich auch. Ich bin sehr ruhig.
HELLINGER *zum Vater* Wie geht es dir?
VATER Ich bin ihr sehr nahe.
HELLINGER Ich glaube, da kann ich es lassen.
zu den Stellvertretern Danke euch allen.

Hellinger und die Mutter des Sohnes schauen sich lange an.

HELLINGER Alle haben einen Platz in meinem Herzen.

Die Mutter sagt nichts und schaut vor sich hin.

HELLINGER *zur Mutter* Sag dem Sohn nichts. Vertraue der Seele. Und nimm du sie auch alle in dein Herz. Okay?

Die Mutter nickt.

HELLINGER *zur Gruppe* Wenn wir jetzt auf diesen Sohn schauen und auf das, was er trägt, und wir schauen vielleicht auf seine Geschwister: Wo ist die tiefste Liebe? – Und wo ist die Größe?*

---

* Der Kurs für Psychose-Patienten in Palma de Mallorca vom November 2002 ist dokumentiert auf dem Video: Bert Hellinger: Die Versöhnung des Getrennten. Ein Kurs für Psychose-Patienten in Palma de Mallorca. Deutsch/Spanisch.

ZWISCHENBETRACHTUNG

Einsicht durch Einklang[*]

Wie ist es möglich auf diese Weise zu arbeiten, wie ich das hier gezeigt habe? Bin ich hellsichtig? Nein. Ist ein Stellvertreter hellsichtig, wenn er plötzlich spürt, was da los ist? Er ist nur in Verbindung. So bin auch ich in Verbindung. Ich setze mich dem aus, allerdings mit Verantwortung. Der Stellvertreter hat ja keine Verantwortung. Er zeigt nur, was in ihm vor sich geht, während ich, als ein Helfer, ein größeres Ganzes im Blick haben muss und im Gefühl.

Ähnlich wie der Stellvertreter sehe ich ab von meinen eigenen Gefühlen und von meinem eigenen Denken und von meiner eigenen Absicht. Ich lasse mich führen, und zwar ohne Furcht. Das ist die Grundlage hier. Ich sage ja manchmal Sätze, bei denen man denken könnte: Wie kann der nur! Aber viele von euch haben die gleichen Sätze gespürt, sich aber nicht getraut, sie zu sagen. Wenn man im Einklang ist, ist auch das Gewagteste richtig. Man sieht das an der Wirkung.

Also, man setzt sich dem aus und geht in Einklang mit dem größeren System. Doch so, wie es bei den Stellvertretern manchmal dauert, bis sie spüren, was die notwendige Bewegung ist, so ist es auch beim Helfer. Der Stellvertreter weiß nicht, wohin ihn die Bewegung führt. Ich weiß auch nicht, wohin sie führt. Nur nach einiger Zeit spüre ich: Das ist der nächste Schritt, zum Beispiel dass eine Person hinzukommen muss. Ich spüre auch, ob es ein Mann sein muss oder eine Frau. So vertraue ich dieser Bewegung. Dann wird die Arbeit ohne jedes Beiwerk aufs Äußerste verdichtet. Danach ziehe ich mich wieder zurück. Die Seele des Klienten arbeitet weiter ohne mich.

In diese Haltung kann man sich einfühlen. Diejenigen, die öfter als Stellvertreter ausgewählt wurden, können es leichter. Sie wissen bereits, wie sehr sie sich auf diese Bewegung verlassen können. Nach einiger Zeit ist das wie blindes Vorwärtsgehen ins Dunkel. Und doch findet man genau das Richtige. Dabei ist der Helfer nicht vollkommen, natürlich. Manchmal passieren auch Fehler. Das spielt aber keine Rolle, weil sich das in der größeren Bewegung ausgleicht. Es ist sehr

---

[*] Aus dem Kurs für Psychose-Patienten in Palma de Mallorca, November 2002.

schwer und braucht große Anstrengung, die Seele von ihrem Weg abzubringen.

Der Helfer spürt, ob er noch im Einklang ist, daran, dass er ruhig bleibt. Solange er ruhig bleibt, ist es in Ordnung. Sobald er unruhig wird oder sobald die Gruppe unruhig wird, ist man daneben. Dann gibt es nur ein Heilmittel. Man bricht sofort ab.

Die Inkas

Vorbemerkung

Während eines Kurses in Washington, im August 2002, kam eine Indianerin aus Peru zu mir, die sich den Inkas zugehörig wusste. Sie lud mich ein, nach Peru zu kommen, um mir die alte Inkastadt Machu Picchu zu zeigen. Für sie war das ein bedeutsamer Platz.

Als ich mit ihr arbeitete, wurden auf einmal das alte Inkareich und ihre verlorenen Ahnen gegenwärtig.

Machu Picchu

KLIENTIN Ich gehe jetzt nach 22 Jahren wieder nach Peru zurück.
HELLINGER Warte ein bisschen.
zur Gruppe Sie hat sich plötzlich verändert und ist in ein kindliches Gefühl gegangen. Solange sie in diesem Gefühl bleibt, kann ich nicht mit ihr in dieser Lerngruppe arbeiten. Außer ich lasse mich auf eine Therapie mit ihr ein. Die Frage ist: Um was geht es jetzt bei ihr? Wie alt ist sie in diesem Gefühl? Man kann an ihrem Gesicht ablesen, wie alt sie in diesem Gefühl ist.
zur Klientin Gehe noch mal in dieses Gefühl, damit wir es beobachten können.
als sie ihr Gesicht noch einmal verändert Jetzt ist sie in einer ganz anderen Situation. Jetzt hat sie das Gesicht einer sehr alten Frau. Jetzt ist sie mit jemand anderem identifiziert.
zur Klientin Wie siehst du wirklich aus, wenn du dein richtiges Gesicht zeigst? Es gibt einen Trick, um jemanden dazu zu bringen, sein wirkliches Gesicht zu zeigen. Soll ich es demonstrieren? Dann setze dich neben mich.
als sie neben ihm sitzt Was ist meine Augenfarbe? Kannst du es sehen?

Beide schauen sich an.

HELLINGER *zur Gruppe* Sie schaut noch nicht richtig. Könnt ihr das sehen? Sie ist ganz woanders.

HELLINGER *zur Klientin* Was ist meine Augenfarbe?
KLIENTIN Haselnussbraun.
HELLINGER Haselnussbraun? Niemand hat mir bisher gesagt, ich hätte haselnussbraune Augen.

Lautes Lachen in der Gruppe. Auch die Klientin lacht kurz.

HELLINGER *zur Gruppe* Habt ihr gerade ihr Gesicht gesehen? Das war ihr wirkliches Gesicht. Für einen Augenblick konnten wir es sehen.
zur Klientin Also, was ist meine wirkliche Augenfarbe?
KLIENTIN Das hängt davon ab, wie du schaust und wie das Licht ist. Manchmal sind sie bläulich, manchmal bräunlich.
zur Gruppe Bin ich ein Chamäleon?

Wieder lautes Lachen in der Gruppe. Auch die Klientin lacht mit.

HELLINGER *zur Gruppe* Habt ihr gerade ihr Gesicht gesehen? Das war wieder ihr richtiges Gesicht. Die anderen Gesichter sind Identifikationen.
zur Klientin Du siehst schön aus, wenn wir dein wirkliches Gesicht sehen.

Sie lacht.

HELLINGER Okay, das war nur eine kleine Übung und eine Lernerfahrung für alle.
zur Gruppe Um gewisse Gefühle zu haben, vor allem wenn es sich um traurige Gefühle oder um kindliche Gefühle handelt, darf man nicht schauen. Diese Gefühle werden durch ein inneres Bild genährt. Um dieses Bild festzuhalten, muss man die Augen schließen oder woanders hinschauen. Wenn ihr sie anschaut, seht ihr, sie ist woanders. Solche Gefühle kann man nur aufrechterhalten, wenn man nicht genau hinschaut auf das, was vor uns ist.
nach einer Weile Sie sieht aus wie eine alte Inka-Göttin. In ihrem Gesicht sehen wir das Leid eines ganzen Volkes.

Sie ist sehr bewegt.

HELLINGER *wieder nach einer Weile* Geh nach Machu Picchu. Geh dorthin.

Sie lächelt leicht.

HELLINGER Geh dorthin.

Auf ihrem Gesicht zeigt sich ein tiefer Schmerz.

HELLINGER Geh dorthin. Ich werde dich begleiten.

Sie schlägt kurz die Hände vor ihr Gesicht und weint. Dann bedeckt sie ihr Gesicht etwas länger, während sie weint.

HELLINGER *nach einer Weile* Schau sie alle an und sage ihnen: »Es ist noch nicht vorbei.«
KLIENTIN Es ist noch nicht vorbei.
HELLINGER »Ihr seid noch gegenwärtig.«
KLIENTIN Ihr seid noch gegenwärtig.
HELLINGER In mir seid ihr noch da.

Sie faltet ihre Hände vor ihrem Gesicht, atmet tief und weint. Dann, nach langem inneren Kampf:

KLIENTIN In mir seid ihr noch da.

Sie schluchzt und faltet wieder die Hände vor ihrem Gesicht.

HELLINGER Schau sie alle an. Ich gebe dir die volle Zeit.

Sie faltet erneut die Hände vor ihrem Gesicht und schluchzt. Dann kommt aus der Tiefe ihrer Brust ein lauter Klageschrei.

HELLINGER Lass es kommen, wie es will. Gib der Trauer und der Klage Raum.

Noch mehrmals dringt dieser Klageschrei nach außen. Dann beruhigt sie sich etwas.

HELLINGER Steh auf.

Sie steht auf, verschränkt erst die Hände vor ihrem Unterleib, lässt sie dann los, ballt die Fäuste und atmet schwer. Sie möchte etwas tun mit ihren Fäusten, weiß aber nicht, was.

HELLINGER Halte die Augen offen.

Sie richtet sich hoch auf und faltet wieder die Hände vor ihrem Gesicht. Sie lässt die Hände sinken, lässt auch die Fäuste los und wird ruhiger.

HELLINGER *nach einer Weile* Sag ihnen: »Ihr seid nicht verloren.«

Sie wartet, schüttelt erst noch den Kopf, sagt dann aber:

KLIENTIN Ihr seid nicht verloren.
HELLINGER Schau sie an.
KLIENTIN Ihr seid nicht verloren.

Nach einer Weile wiederholt sie:

KLIENTIN Ihr seid nicht verloren.
HELLINGER *nach einer Weile* Jetzt zeigt sich die Kraft der Ahnen.

Sie beginnt zu strahlen und lacht.

HELLINGER Okay. Gut.

Sie strahlt und lacht und setzt sich.

HELLINGER *zur Gruppe* Ist sie nicht schön?
KLIENTIN Danke.

ZWISCHENBETRACHTUNG

Die Toten[*]

Ich habe etwas herausgefunden über die Toten. Ich weiß nicht, inwieweit das stimmt. Aber man kann in der eigenen Seele nachfühlen, welche Wirkung es hat, wenn man dem Raum gibt.

Welchen Toten geht es am besten? Welche haben ihr Sterben vollendet und haben ewigen Frieden? Jene, denen wir erlauben, vergessen zu sein.

Wir können uns auch vorstellen, wie das bei uns wäre, wenn wir sterben und erinnert werden, oder wenn wir sterben und vergessen werden. Wo ist die Vollendung?

Nach einiger Zeit müssen alle Toten das Recht bekommen, vergessen zu sein.

Manchmal steht dem noch ewas entgegen. Wir müssen sie achten, ihnen vielleicht noch danken und vielleicht um sie noch trauern. Dann sind sie von uns frei und wir von ihnen.

---

[*] Aus dem Kurs für Psychose-Patienten in Palma de Mallorca, November 2002.

Der Bürgerkrieg in Kolumbien

Vorbemerkung

Während der Internationalen Arbeitstagung in Toledo im Dezember 2001 sagte eine Klientin, dass ihr Vater eine Guerillabewegung gegründet hat. In der Aufstellung, die völlig wortlos ablief, zeigte sich, wie sehr diese Guerillas in ihrer Seele von Schuld überwältigt und ohne Hoffnung waren. Am Ende blieb für sie und das Land und die Klientin nur Trauer.

Die Schuld

HELLINGER *zu einer Klientin* Um was geht es bei dir?
KLIENTIN Mein Vater hat eine Guerillabewegung in Kolumbien gegründet. Ich habe mich mein ganzes Leben lang ständig bedroht gefühlt.

Hellinger wählt fünf Männer für die Guerillas aus und stellt sie nebeneinander auf.

Bild 1

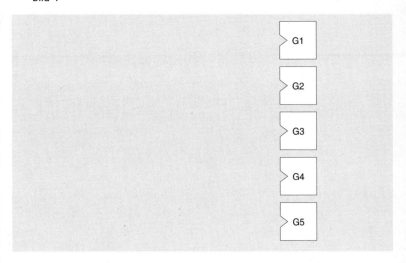

G1   Erster Guerillakämpfer
G2   Zweiter Guerillakämpfer usw.

HELLINGER *zur Gruppe* Das sind Vertreter für die Guerillas. Ich sage aber nicht, wer der Vater ist.

Der zweite Guerilla lehnt sich nach hinten und droht hinzufallen. Er atmet schwer. Der erste Guerilla schaut zu ihm hinüber.

Der dritte Guerilla dreht dauernd den Kopf nach rechts und links. Der vierte schaut auf den Boden. Der fünfte schaut starr geradeaus.

Hellinger wählt eine Vertreterin für Kolumbien und stellt sie den Guerillas gegenüber.

Bild 2

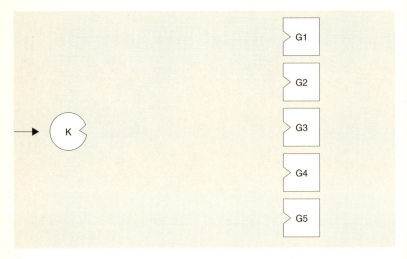

K   Kolumbien

Der dritte Guerilla geht langsam auf Kolumbien zu. Offensichtlich vertritt er den Vater der Klientin. Der zweite Guerilla tritt etwas zurück. Der erste Guerilla tritt auch einen Schritt zurück und dreht sich dem zweiten zu. Beide schwanken, als drohten sie jeden Augenblick hinzufallen. Dann lehnt sich der zweite Guerilla an den ersten mit hängenden Armen. Dieser hält ihn fest.

Inzwischen hat Hellinger auch die Klientin ins Bild gestellt. Sie geht auf Kolumbien zu und beide umarmen sich innig.

Bild 3

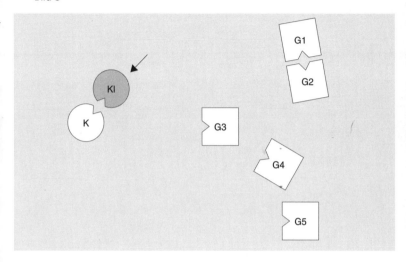

Kl   Klientin

Kolumbien hält die Klientin wie eine Mutter ihr Kind. Sie bleiben lange in dieser Umarmung. Dann dreht Kolumbien die Klientin um und umfasst sie von hinten. Beide weinen und atmen schwer. Dazwischen schaut Kolumbien kurz zu den Guerillas. Nach einer Weile sinkt die Klientin zu Boden und zieht Kolumbien mit sich. Beide sitzen auf dem Boden. Die Klientin schluchzt laut.

Der dritte Guerilla schaut immer wieder zurück zu den anderen Guerillas. Ihnen geht es offensichtlich schlecht. Dann dreht er sich ganz zu ihnen. Der vierte Guerilla geht zu ihm und beide umarmen sich. Der fünfte Guerilla streckt flehend die Hände nach dem dritten Guerilla aus. Der erste Guerilla hält den zweiten von hinten.

Bild 4

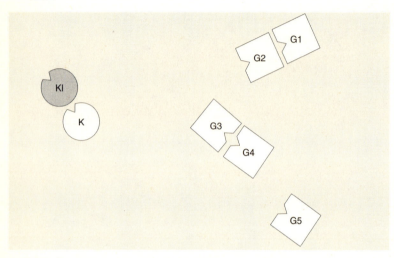

Der dritte Guerilla dreht sich mit dem vierten zu Kolumbien, das immer noch bei der Klientin am Boden sitzt. Dann wendet die Vertreterin von Kolumbien sich zu den Guerillas und hält die Klientin, die noch immer laut schluchzt, vor sich an ihre Brust.

Der zweite Guerilla ist auf die Knie gefallen, schaut auf den Boden und verneigt sich tief. Der fünfte Guerilla steht immer noch mit ausgestreckten Händen da.

Bild 5

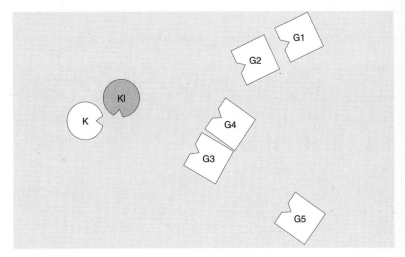

Der fünfte Guerilla lässt die Hände sinken und schaut auf den Boden. Dann legt der dritte Guerilla seinen Kopf auf die Schulter des vierten Guerilla und beginnt zu weinen.

Kolumbien wiegt die Klientin. Sie sitzen noch auf dem Boden. Dann beruhigt sich die Klientin und schaut mit Kolumbien zu ihrem Vater, dem dritten Guerilla.

Bild 6

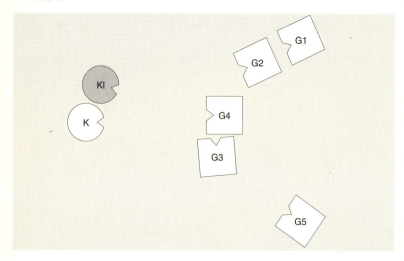

HELLINGER Da lasse ich es jetzt.

zur Gruppe Ich habe darüber nachgedacht, was das hohe Ideal bei all diesen Bewegungen ist. Da ist irgendwo eine Hoffnung, und wenn man genau hinschaut, ist es ein Grab. Das ist es, was dem menschlichen Planen verfügbar ist.

Was wir hier gesehen haben, bleibt innerhalb der Seele. Wir sehen, was in der Seele der Einzelnen abläuft. In wessen Dienst auch die Mörder gestellt sind, wissen wir nicht. Sie sind Hampelmänner, von etwas Größerem bewegt. Aber sie sehen sehr stolz aus dabei. Das gehört zur Maske.

Einige Einblicke hatten wir in das, was da abläuft. Wenn wir es auf uns wirken lassen, macht es uns bescheiden.

Über diese Idealisten und über diejenigen, die sich ihrem Ideal entziehen, habe ich mal ein Bild gehabt.

Jene, die den idealistischen Bewegungen innerlich widerstehen können, verhalten sich wie die Kuh innerhalb eines Stacheldrahtzaunes.

Solange es zu fressen gibt, hält sie sich fern. Dann sucht sie eine Lücke. Sie sind zwar keine Helden, aber sie überleben.*

---

* Diese Aufstellung ist dokumentiert auf dem Video: Bert Hellinger: Die Grundlagen und die neuen Wege des Familien-Stellens. Deutsch/Spanisch, 115 Minuten.
Erhältlich bei Movements of the Soul Video Productions. Kontakt: Harald Hohnen, Uhlandstr. 161, D-10719 Berlin.

ZWISCHENBETRACHTUNG

Der Friede*

Vor kurzem war ich in Israel. Dort habe ich einen Ausflug an den See Genezareth gemacht, wo ein Mann aus Nazareth vor 2000 Jahren umhergewandert ist und auf einem Hügel nah am See von den acht Seligkeiten gesprochen hat. Es war eine wunderbare Ruhe an diesem Ort. Man konnte spüren, es war ein besonderer Platz.

Dort habe ich mich daran erinnert, was Jesus gesagt hat über das, was selig macht. Eines war: »Selig die Friedfertigen und die, die Frieden bringen. Sie heißen Kinder Gottes.« Und er hat gesagt: »Liebet eure Feinde. Tut Gutes denen, die euch hassen.«

Manchmal gibt es die größte Feindschaft und den größten Hass in der innigsten Beziehung. Wieso? Weil man in der innigsten Beziehung auch am tiefsten verletzt werden kann. Aber nicht so sehr, weil einem der andere etwas antut, die tiefste Verletzung ist, dass er eine erträumte Hoffnung nicht erfüllt. Selig sind die, die ihre Feinde lieben, die Gutes denen tun, die sie hassen.

Dann kommt man auf eine höhere Ebene. Jesus beschreibt sie so: »Mein himmlischer Vater lässt die Sonne scheinen über Gerechte und Ungerechte, und er lässt den Regen fallen über Gute und Böse gleichermaßen.« Wer diese Liebe erreicht, der scheint wie die Sonne auf alle, wie sie sind, obwohl sie verschieden sind, wie Mann und Frau zum Beispiel. Und er lässt Regen fallen, das, was Segen bringt, auf jeden, wie er ist. Darüber habe ich nachgedacht am See Genezareth.

Dann habe ich zu verstehen versucht: Was läuft da in der Seele ab, was ist der Vorgang, der letztlich diese Liebe ermöglicht? Dazu ist mir ein Satz eingefallen: »Liebe heißt: Ich anerkenne, dass alle, wie sie sind, mir vor etwas Größerem gleichen. Ich anerkenne, dass alle, wie unterschiedlich sie auch sein mögen, mir vor etwas Größerem gleich sind.« Das ist Liebe. Auf dieser Grundlage kann sich alles entfalten.

Und was ist Demut? Das Gleiche: »Ich anerkenne, dass alle, so unterschiedlich sie auch sein mögen, mir vor etwas Größerem gleichen.« Demut heißt anerkennen, dass man nur ein kleiner Teil ist unter einer

---

* Aus einem Vortrag während der Internationalen Arbeitstagung in Toledo, Dezember 2001.

Vielfalt und dass die Fülle erst erreicht wird, wenn all das Verschiedene gleichwertig nebeneinander stehen darf und als Gleich-Gültiges anerkannt wird.

Und wenn es Verletzungen gab? »Vergeben und Vergessen sind das Gleiche: Ich anerkenne, dass alle, so unterschiedlich sie auch sind, mir vor etwas Größerem gleichen.«

Wir können hier eine kleine Übung machen, um uns in diese Liebe einzufühlen. Stellt euch vor, ihr geht zu jedem, der euch verletzt hat, der euch einmal wehgetan hat im Leben. Ihr sagt ihm: »Ich bin wie du.« Jedem Einzelnen: »Ich bin wie du.«

Dann stellt ihr euch die vor, denen ihr etwas angetan habt, die ihr verletzt habt auf irgendeine Weise, und sagt jedem: »Ich bin wie du. Du bist wie ich.«

Was erfahren wir am Ende einer solchen Übung? Es lässt sich in einem Wort sagen: Frieden.

Gewalt in der Dominikanischen Republik

Vorbemerkung

Die Klientin, Nichte eines bekannten schwarzen Bürgerrechtskämpfers, berichtete während der Internationalen Arbeitstagung in Toledo im Dezember 2001 von der Gewalt in ihrer Familie und davon, dass ihr Vater aus politischen Gründen ermordet worden war. Als Stellvertreter für die Sklavenjäger und Sklavenhändler aufgestellt wurden und sich in Schmerz vor den Nachkommen ihrer Opfer verneigten, wurde erfahrbar, wie dies in die Gegenwart hineinwirkt und zum Abschied von Gewalt und zu Versöhnung führt.

Die Sklavenhändler

Hellinger schaut die Klientin lange an. Sie schließt die Augen und beginnt zu weinen. Dann schaut sie zu Hellinger und atmet tief. Er legt den Arm um sie und zieht sie an sich. Sie legt den Kopf an seine Brust und schluchzt.

HELLINGER *nach einer Weile* Was ist passiert?
KLIENTIN *unter heftigem Schluchzen* Mein Vater ist gestorben, als ich sechs Jahre alt war. Ich kann mich an nichts erinnern. Er hatte eine sehr gewalttätige Beziehung zu meiner Mutter. Als sie mit mir schwanger war, hat er sie geschlagen und ihr einen Arm gebrochen. Dann ist mein Vater verschwunden und aus politischen Gründen ermordet worden.
HELLINGER Wo?
KLIENTIN In der Dominikanischen Republik.

Hellinger wählt einen Stellvertreter für ihren Vater aus, einen anderen für seinen Mörder und noch einen für ein Opfer ihres Vaters.

Bild 1

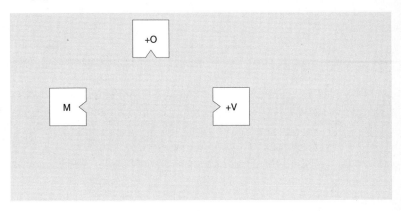

+V Vater, aus politischen Gründen ermordet
Mö Mörder des Vaters
+O Opfer des Vaters

Das Opfer schaut lange zum Mörder des Vaters. Auch dieser schaut zu ihm hinüber. Der Vater bewegt unruhig die Hände.

HELLINGER *nach einer Weile zur Gruppe* Wenn ihr euch das anschaut, wer ist hier der Mörder? Bei wem ist die Aggression?

Das Opfer schaut zum Vater und beginnt zu zittern. Hellinger lässt ihn sich mit dem Rücken auf den Boden zwischen den Vater und seinen Mörder legen.

Bild 2

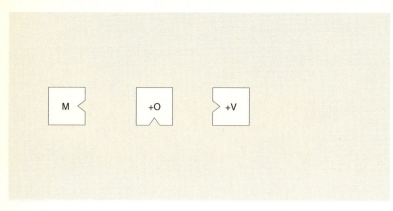

Der Vater schaut auf das Opfer und atmet tief. Auch der Mörder des Vaters schaut auf das Opfer. Nach einer Weile kniet sich der Vater zu seinem Opfer und hält ihm die Hand. Dann lässt Hellinger ihn sich neben das Opfer legen.

Bild 3

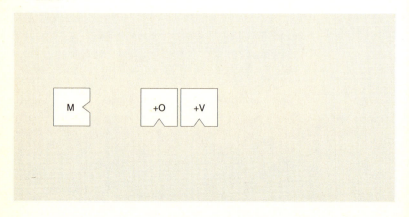

Nach einer Weile bittet Hellinger den Mörder, sich neben den Vater zu legen.

Bild 4

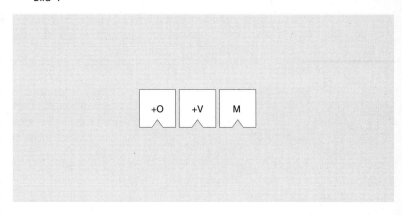

Hellinger wählt eine Stellvertreterin für die Mutter der Klientin aus und stellt sie vor die am Boden liegenden Männer. Dann stellt er die Klientin selbst in das Bild, neben ihre Mutter.

Bild 5

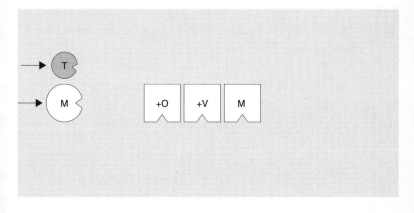

M   Mutter
T   **Tochter = die Klientin**

Die Mutter wendet sich langsam der Tochter zu und wendet sich wieder von ihr weg. Die Tochter will sie festhalten und zerrt an ihrem Gewand. Sie beugt sich von hinten zu ihr und weint laut. Die Mutter zieht am Kragen ihrer Bluse, als sei er ihr zu eng. Sie dreht sich noch weiter um im Kreis, dann wieder der Tochter zu und umarmt sie. Beide schwanken heftig. So verbleiben sie lange. Dann bricht die Tochter in lautes Schluchzen aus und kann sich nicht beruhigen.

Bild 6

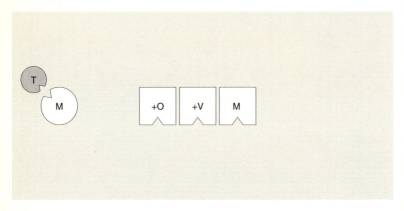

Mutter und Tochter sinken zu Boden. Die Mutter hält die Tochter im Arm, die immer noch laut schluchzt. Der Vater auf dem Boden wischt sich wiederholt die Tränen ab.

Nach einer Weile wählt Hellinger drei Männer als Stellvertreter der
Sklavenjäger und der Sklavenhändler aus und stellt sie ins Bild.

Bild 7

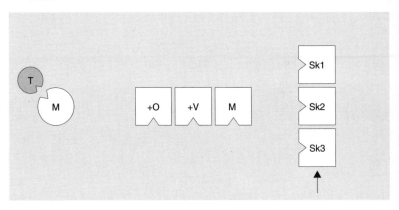

Sk1   Erster Sklavenjäger bzw. Sklavenhändler usw.

Die Tochter wimmert leise. Die Mutter hält sie weiterhin im Arm.

Der zweite Sklavenhändler schaut zu Boden, geht einen Schritt zurück und dreht sich dann weg. Der erste sinkt auf den Boden in die Knie und verneigt sich tief, bis auf den Boden. Dann legt er sich flach auf den Rücken. Der dritte Sklavenhändler bleibt unbewegt stehen.

Hellinger führt die Tochter vor den dritten Sklavenhändler.

Bild 8

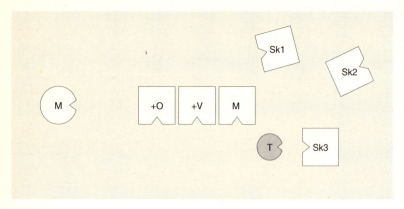

Nach einer Weile legt der dritte Sklavenhändler seine rechte Hand an sein Herz und geht einen Schritt zurück. Dann neigt er seinen Kopf, hebt in kurz und geht in die Knie. Die Tochter weint laut und kniet sich ebenfalls nieder. Sie berührt ihn am Kopf und er schaut auf. Beide schauen sich an. Der zweite Sklavenhändler hat sich inzwischen ganz weggedreht.

Bild 9

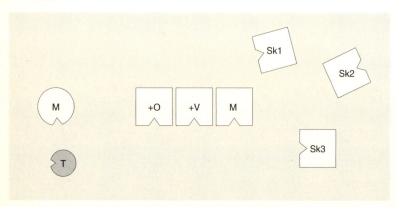

Hellinger führt nun die Tochter weg, sodass sie gleichsam all dies hinter sich lassen kann. Sie schluchzt laut und breitet die Arme aus.

HELLINGER Mach die Augen auf.

Sie lässt die Arme sinken, atmet schwer und kommt zur Ruhe. Hellinger führt sie noch ein bisschen weiter weg.

Bild 10

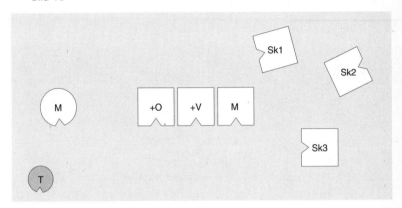

HELLINGER Lass die Augen auf und schau die Menschen vor dir genau an. Tief atmen. So, genau. Schau sie alle ruhig an.

Sie wendet sich zum Publikum und schaut alle ruhig an. Dann wendet sie sich Hellinger zu und umarmt ihn.

HELLINGER Okay?

Sie nickt.

zu den Stellvertretern Danke euch allen.
zur Gruppe Wenn die Täter Menschen geworden sind, können auch die Opfer Menschen sein.
zur Klientin Okay, alles Gute dir.

zur Gruppe Wir sind leicht versucht, beim Familien-Stellen auf das Vordergründige zu schauen, hier zum Beispiel auf die Mutter und den Vater und dann auf den Vater und seinen Mörder. Aber dieses Gewalttätige reicht ja in einem Staat wie der Dominikanischen Republik viel weiter zurück. Wir konnten sehen, wie sich etwas fügt, wenn man auch darauf schaut. Wenn das, was so weit zurückliegt, in gewisser Weise in Ordnung gebracht wird, dann hört die Gewalt in der Gegenwart vielleicht auf. Und auch das Gegenstück dazu, das Gefühl, Opfer zu sein.

ZWISCHENBETRACHTUNG

Die Zustimmung[*]

Die volle Zustimmung kommt von Herzen, ohne jeden Vorbehalt. Wir können in uns nachspüren, was es in unserer Seele bewirkt, wenn wir allem zustimmen, wie es ist. Wenn wir zum Beispiel unseren Eltern zustimmen, wie sie sind. Wenn wir unseren Ahnen zustimmen, wie sie waren. Wenn wir auch ihrem Schicksal zustimmen, wie es war. Tief in der Seele können wir spüren, wie wir so mit ihnen in Einklang kommen und wie innig wir mit ihnen verbunden sind, wenn wir ihnen und ihrem Schicksal zustimmen, wie auch immer es war.

Diese Zustimmung bezieht auch die besonderen Umstände unseres Lebens mit ein. Dass wir in diese besondere Familie geboren wurden, die diesen besonderen Glauben hat, dieser besonderen Tradition anhängt, uns auf eine besondere Weise in den Dienst nimmt, uns dadurch besondere Möglichkeiten anbiete und uns auf besondere Weise herausfordert und gleichzeitig auch Grenzen setzt.

Auch wenn wir auf das schauen, was in unserem Leben schief gelaufen ist, stimmen wir ihm zu, wie es war. Wir können spüren, welche heilsame Wirkung es in unserer Seele hat, wenn wir ihm zustimmen ohne Bedauern. Und wenn wir auch unserer Schuld zustimmen und ihren Folgen.

Wenn wir in einem Land leben, in dem es Gewalt oder Bürgerkrieg oder hohe Kriminalität gibt, können wir auch dieser Situation zustimmen, wie sie ist, und spüren, was die Zustimmung in unserer Seele bewirkt. Wie viel größer der Spielraum für besonnenes Handeln wird und wie viel mehr Kraft wir zur Verfügung haben, als wenn wir die Situation nur bedauern und nach Schuldigen suchen.

Wenn wir als Helfer aufgerufen sind, anderen, die Hilfe suchen, beizustehen, gewinnen wir Kraft, wenn wir ihnen zustimmen, wie sie sind, wenn wir ihren Eltern zustimmen, ihrem Schicksal, ihrer Schuld, ihrem Leid und auch ihrem Tod, wenn er vor der Tür steht. Wir wehren uns nicht dagegen, sondern stimmen ihm zu und sind damit im Einklang. Dann kommen wir in Verbindung mit größeren Kräften, die über uns hinausreichen, mit einer größeren Seele, die sowohl sie wie

---

[*] Aus einem Kurs in Tel Aviv, September 2002.

uns umfasst und lenkt. Im Einklang mit dieser Seele können wir anders helfen, ohne uns vom Leid der anderen überwältigen zu lassen. Aus der Zustimmung gewinnen wir Kraft, ohne uns zu verzehren. Wir bleiben ruhig und sind mit uns und ihnen im Frieden.

Sklaven in Brasilien

Vorbemerkung

In einem Kurs in Sao Paulo im April 2001 suchte eine Frau Hilfe für ihren psychotischen Bruder. Als sie erwähnte, dass ihr Ururgroßvater viele Sklaven hielt und dadurch reich geworden war, lag die Vermutung nahe, dass ihr Bruder sowohl mit den Sklaven als auch mit dem Ururgroßvater identifiziert war, dass er sie also beide gleichzeitig vertreten musste. Er zeigte in der Aufstellung das tiefste Mitgefühl für die Sklaven.

Gleichzeitig wurde durch diese Aufstellung bestätigt, wie das Unrecht auf der einen und das Leid auf der anderen Seite über viele Generationen weiterwirkt und wie die Nachkommen Frieden finden, wenn die Schuld und das Leid der Früheren angeschaut und anerkannt werden und die Versöhnung zwischen den eigentlichen Tätern und Opfern gelingt.

»Durch euch wurden wir reich«

HELLINGER *zu einer Frau* Um was geht es?
KLIENTIN Ich habe einen psychotischen Bruder. Er nimmt auch Drogen. Ich bin die vierte Tochter einer Familie von sieben Kindern und acht Schwangerschaften.
HELLINGER Du hast mir in zwei Sätzen alles gesagt, was notwendig ist. Damit kann ich sofort arbeiten. Wir stellen auf: deinen Vater, deine Mutter und deinen psychotischen Bruder.

Die Klientin wählt die Stellvertreter aus und stellt sie in Beziehung zueinander.

Bild 1

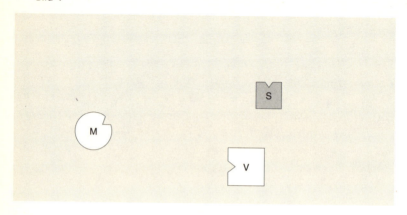

V   Vater
M   Mutter
S   **Sohn, psychotisch**

HELLINGER *zur Klientin* Was ist in der Familie deiner Mutter passiert?
KLIENTIN Mein Großvater hat sich umgebracht.
HELLINGER Wie?
KLIENTIN Durch einen Schuss in die Brust.
HELLINGER Was war der Grund?
KLIENTIN Was ich darüber weiß, ist: Er hatte ein Verhältnis, und meine Großmutter wurde sehr traurig. Meine Urgroßmutter hatte eine Tochter, und der Sohn dieser Tochter hat sich auch umgebracht. Die andere Tochter meiner Urgroßmutter ist auch sehr jung gestorben. Soviel ich weiß, war mein Ururgroßvater sehr reich und hatte viele Sklaven.
HELLINGER *zur Gruppe* Was ist das Entscheidende von dem, was sie gesagt hat? Wo ist die größte Kraft?
KLIENTIN Bei den Sklaven.
HELLINGER Bei den Sklaven, genau. Wir stellen jetzt sechs Sklaven auf.

Die Klientin wählt zwei Stellvertreter und vier Stellvertreterinnen für die Sklaven aus. Hellinger stellt sie dem Sohn gegenüber. Dann wählt er noch einen Stellvertreter für den Vater der Mutter, der sich erschossen hat, aus und stellt ihn ins Bild.

Bild 2

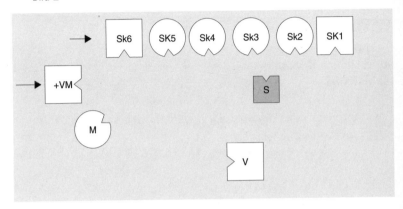

Sk1	Erster Sklave
Sk2	Zweiter Sklave usw.
+VM	Vater der Mutter, hat sich erschossen

Nach einer Weile stellt Hellinger den Vater der Mutter und ihren Sohn neben die Sklaven.

Bild 3

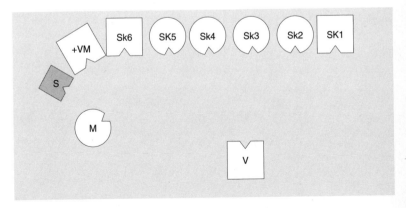

HELLINGER *zum Vater der Mutter* Wie geht es dir da, besser oder schlechter?

VATER DER MUTTER † Besser.

HELLINGER *zum Sohn* Wie geht es dir?

SOHN Besser. Ich gehöre dazu.

Hellinger befragt nun die Stellvertreter und Stellvertreterinnen der Sklaven, wie es ihnen geht.

ERSTER SKLAVE, EIN MANN Ich fühle einen metallischen Druck an der linken Kopfhälfte. Als der Vater der Mutter und der Sohn auf die andere Seite gestellt wurden, ist der Druck weggegangen.

ZWEITER SKLAVE, EINE FRAU Ich fühle einen Druck auf der Brust und habe einen festen Blick nach links. Ich kann nicht auf das, was rechts von mir ist, blicken.

DRITTER SKLAVE, EINE FRAU Ich fühle Angst, aber ich bin gerne hier.

VIERTER SKLAVE, EINE FRAU Ich kann nicht hochschauen und fühle mich isoliert.

FÜNFTER SKLAVE, EINE FRAU Zuerst habe ich mich dem Sohn gegenüber schlecht gefühlt. Jetzt fühle ich mich besser. Als er sich neben uns gestellt hat, war ich erleichtert.

SECHSTER SKLAVE, EIN MANN Meine Arme sind sehr schwer, und ich fühle ein schweres Gewicht auf dem Rücken.

HELLINGER *zur Mutter* Was ist bei dir?

MUTTER Ich zittere und ich fühle mich verlassen.

HELLINGER Nimm den Sohn bei der Hand, gehe mit im zu den Sklaven und verneige dich mit ihm vor jedem von ihnen.

HELLINGER *zum Vater* Und du schaust einfach zu.

Bild 4

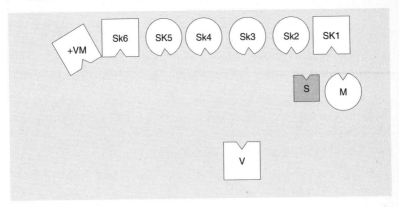

Die Mutter stellt sich mit dem Sohn vor den ersten Sklaven, und beide verneigen leicht den Kopf.

HELLINGER Mit so wenig geht das nicht, so billig geht das nicht.

Sie verneigen sich noch einmal, diesmal etwas tiefer.

HELLINGER *zur Klientin* So billig kommen die hier nicht weg.

Nun kniet sich die Mutter auf den Boden, und der Sohn folgt ihr. Dann verneigen sie sich tief.

HELLINGER Genau, das ist es.
Als sie sich aufrichten Schaut ihm in die Augen.
HELLINGER *zur Mutter* Sag ihm: »Durch dich wurden wir reich.«
MUTTER Durch dich wurden wir reich.
HELLINGER *zum ersten Sklaven* Wie ist das für dich?
ERSTER SKLAVE Ich nehme es an.
HELLINGER *zu Mutter und Sohn* Geht ihr zum nächsten Sklaven und macht es ganz nach dem inneren Gefühl, wie es für euch richtig ist.

Beide knien sich vor dem nächsten Sklaven, eine Frau, hin und verneigen sich tief. Die Mutter richtet sich bald wieder auf, der Sohn will noch länger in der Verneigung verharren.

HELLINGER *zur Gruppe* Der Sohn hat größere Achtung vor den Sklaven als die Mutter. Sie ist noch hart. Er hat Mitgefühl.
zum Sohn Steh auf, geh zu ihr.

Der Sohn steht auf und geht zu dieser Sklavin. Diese streckt ihm die Hände entgegen. Sie fassen sich bei den Händen und schauen sich lange an. Die Sklavin ist sehr bewegt. Die Mutter bleibt auf dem Boden knien. Inzwischen wählt Hellinger einen Stellvertreter für den Ururgroßvater, der die Sklaven hielt, aus und stellt ihn dazu.

Bild 5

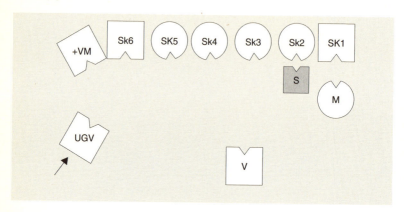

UGV   Ururgroßvater, der die Sklaven hielt

HELLINGER *zu dieser Sklavin* Wie geht es dir jetzt?
ZWEITER SKLAVE, EINE FRAU Ich war zuerst sehr traurig. Jetzt bin ich erleichtert.
HELLINGER *zum Sohn* Und bei dir?
SOHN Ich möchte die Sklavin gerne darum bitten, dass sie uns vergibt.
HELLINGER Geh mit deiner Bewegung.

Der Sohn geht zu dieser Sklavin. Beide umarmen sich lange.

HELLINGER *nach einer Weile, als sie sich trennen, zur Gruppe* Jetzt geht es ihm besser.
zum Sohn Geh zur nächsten hin.

HELLINGER *zur dritten Sklavin* Schau ihn an.

Sie und der Sohn schauen sich eine Zeitlang an. Dann geht der Sohn näher, kniet sich vor ihr hin und verneigt sich tief. Nach einer Weile schaut er zu ihr hinauf. So verbleiben sie lange. Die vierte Sklavin beugt sich nach vorn und schluchzt laut. Die dritte Sklavin legt den Arm um sie und stützt sie.

HELLINGER *zum Sohn* Geh zu ihr hin.

Der Sohn stellt sich vor die vierte Sklavin, die immer noch schluchzt und nun auch von der fünften Sklavin gestützt wird.

Bild 6

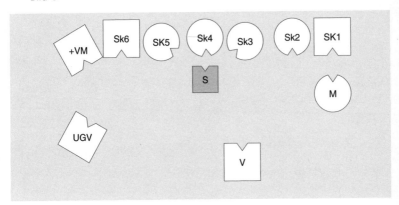

Hellinger lässt den Sohn zurücktreten, stellt den Ururgroßvater vor die Sklaven und lässt diese einen engen Kreis um ihn bilden.

Bild 7

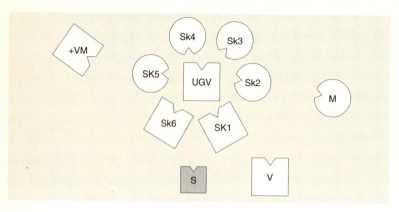

Die Sklaven umfassen sich von hinten mit den Armen und schließen einen engen Kreis um den Ururgroßvater. Dabei zittert die dritte Sklavin heftig.

HELLINGER *nach einer Weile zum Ururgroßvater* Schau sie alle an.

Der Ururgroßvater wendet sich innerhalb des Kreises jedem Einzelnen der Sklaven zu und schaut ihn oder sie an. Dann stellt Hellinger den Sohn neben seinen Vater und bittet diesen, den Arm um ihn zu legen.

Bild 8

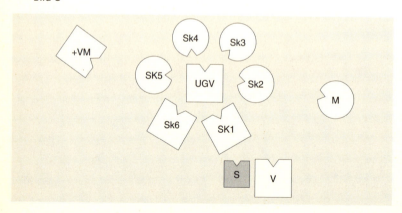

HELLINGER *nach einer Weile zum Sohn* Wie geht es dir jetzt?
SOHN Ich bin ruhig.
HELLINGER Wie geht es dem Vater?
VATER Ich bin stolz auf ihn.
HELLINGER *nach einer Weile zur Klientin* Wirst du es deinem Bruder erzählen?
KLIENTIN Ja. In der Familie meines Vaters wiederholt sich das auch.
HELLINGER Du hast das Bild gesehen.
KLIENTIN Danke.

Sie reicht Hellinger die Hände und schüttelt sie bewegt.

HELLINGER Okay. Gut.

Nach einer Weile lässt Hellinger den Kreis öffnen.

HELLINGER *zum Ururgroßvater* Was war bei dir?
URURGROSSVATER Am Anfang war ich sehr hart. Dann wurde ich weicher und bin mit ihnen in Kontakt gekommen.
HELLINGER Ich glaube, da lasse ich es jetzt.
zu den Stellvertretern Danke euch allen.

zur Gruppe Wir konnten bei dieser Aufstellung sehen, dass die Mutter nicht die gleiche Achtung für die Sklaven aufbringen konnte wie der Sohn. Deswegen habe ich ihn von der Mutter getrennt und ihn alleine weitermachen lassen. Er hat es dann ganz von innen heraus gemacht, wunderschön. Er zeigte die Bewegung auf Versöhnung hin. Und das war ein Psychotiker. Er hatte das tiefste Mitgefühl. Weil er dieses Mitgefühl zeigen konnte, kam hier eine Versöhnung in Gang.

Als der Ururgroßvater die Sklaven, die den Kreis um ihn gebildet hatten, ansah, hat er ihren Schmerz gespürt und wurde weich. Doch erst, als er sie ansah und sich von ihnen ansehen ließ. Dann war auch er Mensch unter Menschen.

Nun stellt euch nochmals vor, was hier abgelaufen ist und was es für viele hier in Brasilien heißt, dass es Sklaven gab, und was ihnen angetan wurde. – Und dass es davor die Indianer gab, und was ihnen angetan wurde. – Und dass das nicht vorbei ist, sondern in den Seelen weiterwirkt. – Dass es aber eine Möglichkeit zur Versöhnung gibt, indem man das Leid der Sklaven und der Indianer ehrt und wir ihnen das Mitgefühl zeigen, das sie verdienen.

ZWISCHENBETRACHTUNG

Lebende und Tote[*]

Die Toten sind nicht tot in dem Sinn, als sei mit dem Tod alles vorbei. Sie wirken weiter. Auch das, was ihnen angetan wurde, wirkt weiter, bis es anerkannt wird und bis die, die schuldig an ihnen wurden, ihnen im Tod gleich geworden sind. Wo das verweigert wird, trifft es Unschuldige in späteren Generationen, ohne dass sie wissen, warum.

Umgekehrt, wenn jemand schuldig geworden ist und zu dieser Schuld steht, zum Beispiel wenn jemand einen anderen umgebracht hat und er zu den Folgen dieser Schuld steht, dann beeinflusst es die späteren Generationen nicht so stark. Doch auch dann kommt das System erst zur Ruhe, wenn die Täter bei ihren Opfern liegen.

Die Vergangenheit ist nicht vorbei. Sie wirkt in die Gegenwart herein, und zwar auf mehrfache Weise. Wenn noch etwas in Ordnung gebracht werden muss, dann muss man in der Gegenwart zurückschauen auf das, was vorher passiert ist. Es muss in der Vergangenheit in Ordnung gebracht werden, erst dann sind die Lebenden frei.

Umgekehrt, wenn wir hier das Unerledigte aus der Vergangenheit aufstellen und lösen und wir es mit Achtung vor den Toten tun, wirkt es auf die Toten zurück. Sie können dann leichter Frieden finden. Daher dient diese Arbeit hier nicht nur den Lebenden, sondern auch den Toten.

---

[*] Aus einem Kurs in Sao Paulo, April 2001.

Amerika und Afrika

Vorbemerkung

Während eines Kurses im Omega Institut nördlich von New York im Juni 2001 erwähnte ein Teilnehmer, dass seine Vorfahren Sklaven hielten und dass sein Urgroßvater einen schwarzen Mann getötet hat. Er wurde dafür aber nicht verurteilt, weil das Gericht parteiisch war. In der Aufstellung, die sich weitgehend auf die Bewegungen der Seele verließ, brach der anfangs überhebliche und aggressive Urgroßvater zusammen, schluchzte, kroch langsam zu dem Toten hin, fasste dessen Hand und weinte.

    Ein Stellvertreter für die USA kniete sich vor den toten Mann und die anderen Sklaven und verblieb in tiefer Verneigung, während eine Stellvertreterin für Afrika die Sklaven von hinten umarmte und mit ihnen weinte.

Die Trauer

HELLINGER Wer möchte jetzt mit mir arbeiten? Ist da jemand, bei dem es um eine ernste Sache geht?
zu einem Teilnehmer Um was geht es bei dir?
TEILNEHMER Ich habe Probleme. Das eine ist, dass ich mehr meine Verantwortung als Vater und Ehemann wahrnehmen will. Das andere ist, dass ich erkennen will, was mich daran hindert, wichtige Aufgaben zu Ende zu bringen.
HELLINGER Und wie soll ich hier helfen?
TEILNEHMER Du entscheidest, ob du mit mir etwas tun willst.
HELLINGER Gestern hast du etwas über Sklaven gesagt. Gibt es da etwas zu lösen?
TEILNEHMER Vielleicht. Mein Urgroßvater hat einen schwarzen Mann getötet, wurde aber nicht verurteilt, wahrscheinlich weil der Prozess parteiisch zu seinen Gunsten geführt wurde.
HELLINGER War dieser schwarze Mann ein Sklave?

TEILNEHMER Ich weiß nicht, ob das vor oder nach dem Bürgerkrieg passiert ist. Aber vor dem Bürgerkrieg hielt meine Familie Sklaven. Ich selbst fühle mich den Schwarzen sehr verbunden und hege väterliche Gefühle für sie.

HELLINGER Auch die Sklavenhändler hegten für ihre Sklaven manchmal väterliche Gefühle. Durch väterliche Gefühle überhebt man sich leicht über die anderen. Man hat dann wenig Achtung für sie.

TEILNEHMER Das kann ich so nicht annehmen. Väterliche Gefühle sind ja auch Gefühle der Zuneigung und Liebe.

HELLINGER Das mag sein, ich will das nicht bestreiten. Dennoch habe ich dich auf etwas Wichtiges hingewiesen.

TEILNEHMER So kann ich dem zustimmen.

HELLINGER Vielleicht müssen wir bei dir etwas zu Ende bringen. *zur Gruppe* Ich möchte zuvor etwas über das Zu-Ende-Bringen sagen. Wisst ihr, warum viele Menschen Angst haben, etwas zu Ende zu bringen? Sie fürchten, wenn sie eine Arbeit beenden, müssen sie vielleicht sterben, und sie hoffen, wenn sie etwas unerledigt lassen, leben sie länger.

HELLINGER *zum Teilnehmer* Bei dir ist es aber wahrscheinlich anders.

TEILNEHMER Da bin ich mir nicht so sicher.

Hellinger wählt nun einen Stellvertreter für den Urgroßvater aus und stellt ihn auf.

Bild 1

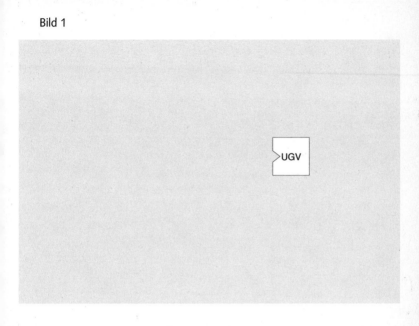

UGV   Urgroßvater

Nach einer Weile wählt Hellinger vier Stellvertreter für die Sklaven aus und stellt sie dem Urgroßvater gegenüber. Dann legt er einen Vertreter für den vom Urgroßvater getöteten Mann zwischen sie und den Urgroßvater auf den Boden.

Bild 2

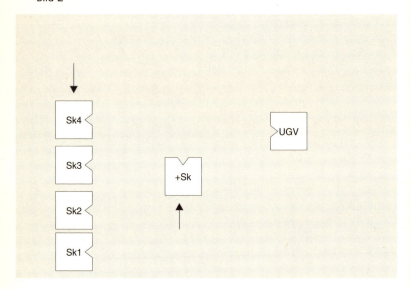

Sk1 Erster Sklave
Sk2 Zweiter Sklave usw.
+Sk Getöteter Mann, vielleicht ein Sklave

Der Urgroßvater richtet sich hoch auf und ballt die Fäuste, so als wolle er zuschlagen. Sein Gesicht ist angespannt und zeigt Überheblichkeit und Aggression. Er lässt die Hände sinken und richtet sich noch mehr auf. Dann schaut er zu Hellinger und will etwas sagen.

HELLINGER Nicht zu mir herschauen. Auch nichts sagen. Geh mit deiner Bewegung.

Hellinger wählt eine Frau als Stellvertreterin für Afrika aus und stellt sie dem Urgroßvater gegenüber.

Bild 3

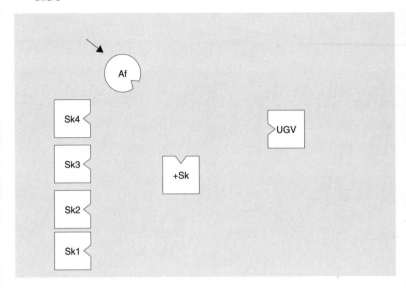

Af   Afrika

Der Urgroßvater hebt die Hände in einer abwehrenden Bewegung gegen Afrika. Dann verdeckt er mit der rechten Hand sein Gesicht, als wolle er Afrika nicht anschauen und macht abwehrende Bewegungen mit der anderen Hand.

Inzwischen haben sich der erste und der vierte Sklave zu Afrika gestellt. Auch die anderen Sklaven wenden sich Afrika zu.

Bild 4

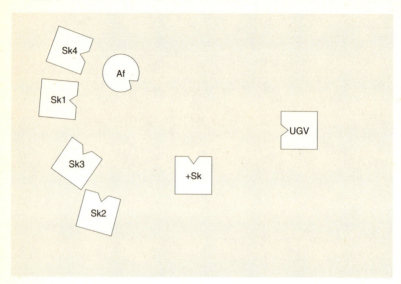

Der Urgroßvater bleibt noch immer in seiner abwehrenden Haltung, so als wolle er sich hinter seinen Händen verstecken. Dann schüttelt er den Kopf und macht mit den Händen eine Bewegung, als wolle er Afrika und die Sklaven wegjagen. Er verzieht sein Gesicht, als unterdrücke er einen Schrei.

HELLINGER Wenn du schreien willst, schrei. Schrei laut.

Der Urgroßvater stößt einen lauten Schrei aus und ballt dabei die Fäuste. Er hält die Hände wieder abwehrend vor sein Gesicht, wendet es weg und schreit laut. Er kämpft mit sich, hält sein Gesicht mit den Händen und schreit noch einmal laut. Dann wendet er sich ganz ab, schaut kurz zurück und geht einige Schritte weg nach vorn.

Bild 5

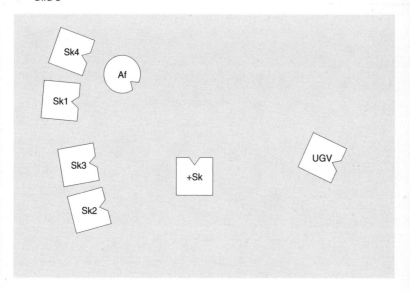

Nach einer Weile stellt Hellinger einen Stellvertreter für die USA in das Bild.

Bild 6

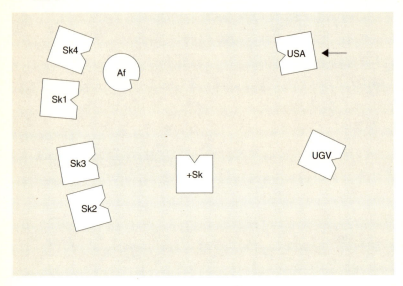

USA   Die Vereinigten Staaten von Amerika

Der Urgroßvater dreht sich mit dem Kopf und Oberkörper zu Amerika. Nach einer Weile geht Amerika zum Urgroßvater, dreht ihm aber den Rücken zu.

Bild 7

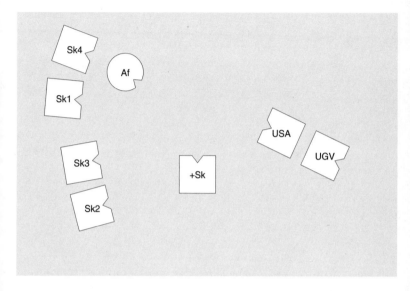

Der Urgroßvater wird unruhig, schreit mit lauter Stimme wie aus einem großen Schmerz heraus. Er geht noch einige Schritte weiter weg, sinkt zu Boden und setzt sich auf seinen Fersen hin. Nach einer Weile fällt er nach links auf den Boden.

Inzwischen hat sich der erste Sklave neben den dritten Sklaven gestellt.

Bild 8

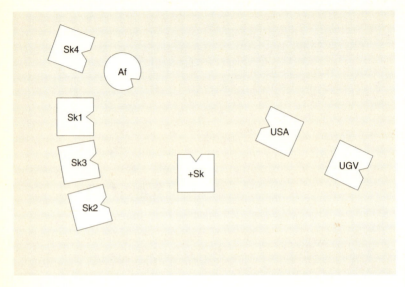

Der Urgroßvater stöhnt und windet sich auf dem Boden. Nach einer Weile kriecht er langsam auf dem Bauch hinüber zum getöteten Mann. Bevor er ihn ganz erreicht hat, hält er inne und schlägt mit der Hand auf den Boden. Er legt den Kopf auf seinen rechten Arm, windet sich ein paar Mal und bleibt hilflos liegen. Der Tote hat den Kopf zu ihm gewendet. So verbleiben sie lange.

Inzwischen hat sich der vierte Sklave von den anderen weggewendet.

Bild 9

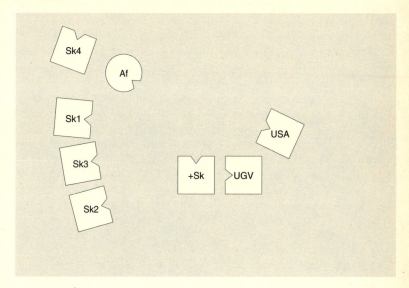

Hellinger stellt nun den Vertreter der USA dem Urgroßvater und dem Toten gegenüber.

Bild 10

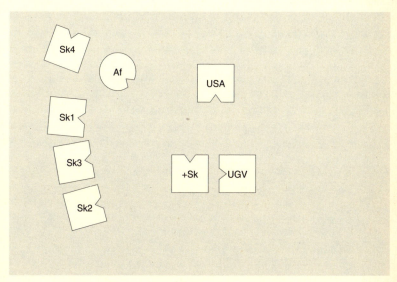

Der zweite Sklave geht näher zu dem Toten und stellt sich dem Vertreter der USA gegenüber.

Bild 11

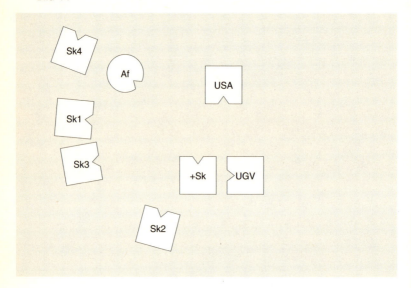

HELLINGER *zum Vertreter der USA* Geh mit deiner Bewegung.

Nach einer Weile geht der Vertreter der USA in die Knie, wartet noch etwas und verneigt sich tief bis auf den Boden. So verbleibt er bis zum Ende der Aufstellung.

Der dritte und der erste Sklave stellen sich neben den zweiten Sklaven. Der vierte Sklave hat sich neben Afrika gestellt.

Bild 12

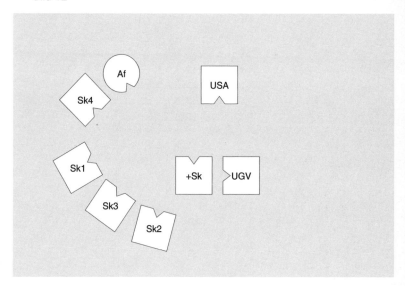

Der tote Mann hat inzwischen seine Hand dem Urgroßvater entgegengestreckt. Dieser hält sie fest. Der Urgroßvater legt den Kopf auf den Boden und weint.

Der dritte Sklave kniet sich zu dem toten Mann. Der erste Sklave kniet sich neben den dritten, legt ihm die Hand auf den Rücken und schluchzt. Der zweite Sklave hat die Fäuste geballt. So verbleiben sie lange.

HELLINGER *nach einer Weile* Die Vertreterin von Afrika soll mit ihrer Bewegung gehen.

Afrika nähert sich langsam den Sklaven. Sie stellt sich hinter sie und umfasst den zweiten und den ersten mit ihren Armen. Der zweite Sklave lehnt den Kopf an sie und weint. Der vierte Sklave hat sich hingekniet.

Bild 13

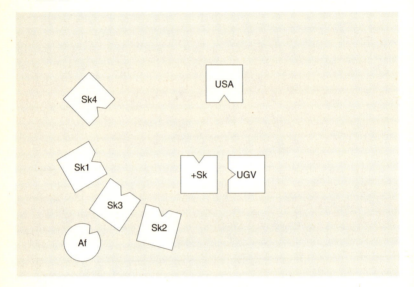

HELLINGER *nach einer Weile* Ich glaube, hier kann ich es lassen.
zu den Stellvertretern Danke euch allen.

Als sie aufstehen, bittet er die Stellvertreter des Urgroßvaters und des von ihm getöteten Mannes zu sich und bittet sie, sich zu umarmen. Sie umarmen sich lange und innig.

HELLINGER *nach einer Weile* Jetzt kann jeder von euch wieder er selbst sein.
zum Teilnehmer Ich glaube, ich kann es hier lassen.

zur Gruppe Hier konnten wir sehen, wie die Bewegungen der Seele zu Versöhnung führen. Versöhnung wird möglich, wenn beide Seiten gemeinsam trauern – einfach trauern. Dann können sie die Vergangenheit hinter sich lassen und gemeinsam nach vorn in die Zukunft schauen.

ZWISCHENBETRACHTUNG

Wissen, das zur Versöhnung führt[*]

Ich möchte etwas sagen zur Grundhaltung, die diese Arbeit im Dienst der Versöhnung ermöglicht. Ich habe es einmal in einer Überschrift zusammengefasst mit »Einsicht durch Verzicht«. Was heißt das?

Wenn jemand seine Familie aufstellt, weiß ich nie, wie es weitergeht. Es bleibt für mich undurchsichtig. Ich kann also nicht nach einem Plan vorgehen und kann mich auch nicht auf frühere Erfahrungen verlassen. Ich setze mich dem Geschehen aus, wie es sich zeigt, ohne dass ich etwas Bestimmtes will. Ich bin also ohne Absicht. Und ich bin – vor allem – ohne Furcht. Das ist das Wichtigste.

Wenn ich Angst habe: Was kann passieren? oder: Was würden meine Kollegen sagen, wenn ich das und das mache? – ist meine Wahrnehmung gestört. Ich schaue dann nicht mehr auf das, was vor mir ist. Ich schaue auf andere Menschen, die ich über mich stelle, und werde vor ihnen zum Kind. Dann bin ich nicht mehr klar. Die Voraussetzung der Klarheit ist, dass ich die Furcht hinter mir gelassen habe.

In seinen Büchern über den Schamanen Don Juan berichtet Carlos Castaneda, wie er ihn über die Feinde des Wissens befragte. Don Juan sagte: Der erste Feind des Wissens ist die Furcht. Wer diesen Feind überwunden hat, gewinnt Klarheit. Vorher gibt es keine Klarheit.

Wer, nachdem er die Furcht überwinden konnte, Klarheit gewonnen hat, kann sie nie mehr verlieren. Doch die Klarheit ist sein nächster Feind. Sobald er sich auf sie verlässt, ist ihm weiteres Wissen versagt. Dann wird er einer von denen, die bei dem, was sie erkannt haben, stehen bleiben. Sie kommen nicht mehr voran.

Die Klarheit überwindet, wer sich dem Neuen, dem Unbekannten, aussetzt, ohne dass er es versteht. Wer auf diese Weise die frühere Klarheit überwunden hat, gewinnt Macht. Doch die Macht ist sein nächster Feind.

Was das heißt, dass die Macht sein nächster Feind wird, erkläre ich an einem Beispiel. Zu mir kam eine Frau zu Besuch, eine bekannte Film-Regisseurin, die auch mit Bertolucci zusammengearbeitet hat und sehr vertraut war mit Tibet und vielen Gurus. Als wir miteinander

---

[*] Aus einem Kurs in Sao Paulo, April 2001.

geredet haben, kam mir plötzlich eine Einsicht. Ich habe gesagt: »Jeder Meister, der Schüler hat, ist korrupt.« Zuerst war ich darüber erschrocken. Aber dann erinnerte ich mich daran, was Don Juan über die Feinde des Wissens gesagt hatte, und ich verstand: Wer Schüler hat, der hat zwar Macht, aber er hat die Macht nicht überwunden. Wer die Macht überwunden hat, weiß, dass er allen Menschen gleich ist. Deswegen kann er auch nicht lehren, wie einer, der mehr weiß. Wenn er im Dialog bleibt von Gleich zu Gleich, kann ihm selbst ein Anfänger Wichtiges sagen.

In der Bibel wird dieser Verzicht auf Macht in einem großartigen Bild beschrieben. »Das ist der Bund, den ich mit dem Hause Israel nach jenen Tagen schließen werde, spricht der Herr: Ich werde mein Gesetz in ihr Inneres legen und ihnen ins Herz hineinschreiben, und ich werde ihr Gott sein, und sie werden mein Volk sein. Dann brauchen sie sich nicht mehr gegenseitig zu belehren und einer zum anderen sagen: Erkennet den Herrn! Sondern sie alle werden mich erkennen, klein und groß, spricht der Herr.« ((Jer 31,33-34)

Wer auch diesen Feind, die Macht, überwunden hat, der begegnet seinem letzten Feind, dem Bedürfnis nach Ruhe. Er möchte sich zur Ruhe setzen und geht dann nicht mehr mit der Bewegung der Seele, die immer weiterstrebt. Don Juan sagt über diesen Feind: Man kann ihn nicht ganz überwinden. Aber wenn man so weit gekommen ist, hat man ein bisschen wesentliches Wissen gewonnen. Für dieses bisschen Wissen hat sich alles gelohnt.

Ich komme jetzt zum ganz Praktischen zurück. Wenn man sich einer Situation aussetzt, ohne Absicht und ohne Furcht – auch ohne Liebe, das ist ganz wichtig –, dann schaut man sie nicht genau an, sondern nur vage. Man setzt sich dem Ganzen aus und wartet. Dann kommt aus dem Dunkel plötzlich, wie ein Blitz, die Einsicht in den nächsten Schritt. Nur in den nächsten Schritt. Wenn man dieser Einsicht folgt, hat es immer eine große Wirkung. Oder es kommt einem genau das Wort in den Sinn, das gesagt werden muss, der heilende Satz. Manchmal scheint er verrückt, aber wenn man ihn trotzdem sagt, trifft er die Seele und hat sofort eine große Wirkung.

Also, bei der Arbeit im Dienst der Versöhnung kommt es vor allem auf diese Grundhaltung an. Denn jede Aufstellung ist neu, man kann sich nicht auf das früher Erkannte verlassen. Der Helfer weiß, er ist abhängig von dem, was sich ihm aus den Bewegungen der Seele zeigt.

Deswegen bleibt er auch demütig, denn das Ergebnis kann er nicht sich selbst zuschreiben. Das Ergebnis ist ein Geschenk von etwas Größerem. Ich nenne es: Große Seele.

Israel, die Palästinenser, Libanon, Deutschland

Vorbemerkung

Zu Beginn der Internationalen Arbeitstagung über Familien-Stellen in Würzburg 2001 habe ich einen Tag lang vor einem größerem Publikum auf einer Bühne Aufstellungen geleitet und dabei gezeigt, was in unterschiedlichen Situationen dem Frieden entgegensteht. Ein Libanese, der ursprünglich Palästinenser in Israel war und dann nach Deutschland ausgewandert ist, suchte eine Lösung für seinen Loyalitätskonflikt, wohin er wirklich gehört. Daraus ergab sich eine Aufstellung, in der die Beziehungen zwischen diesen Ländern ans Licht kamen, wie er sie in seiner Seele erlebte. Zugleich zeigte diese Aufstellung, was in diesen Ländern ihrer Versöhnung die Wege bereitet.

»Ich brauche Hilfe«

HELLINGER *zur Gruppe* Neben mir sitzt ein Klient, der ursprünglich aus dem Libanon kommt. Mit ihm werde ich anfangen zu arbeiten.
zu diesem Klienten Um was geht es bei dir?
KLIENT Bei mir geht es um Krieg. Seit ich zuerst meine Augen aufgemacht habe, sehe ich nur Krieg und Gewalt. Ich bin in Haifa geboren. Als ich zwei Jahre alt war, sind wir von Palästina in den Libanon gezogen. Das war 1948. Als wir in den Libanon kamen und ich in die Schule ging, habe ich mich als Palästinenser gefühlt. Erst viel später, als ich nach Deutschland kam, musste ich mich als Libanese ausweisen.

Mein Vater hat seinen Vater verloren, als er zwei Jahre alt war. Er wurde im Osmanischen Reich als Soldat eingezogen und kam nicht mehr zurück. Während des Bürgerkrieges im Libanon war ich in Deutschland.

HELLINGER Ich lasse es mal bei dem. Ich fange mit etwas Einfachem an. Ich werde die Länder aufstellen, also einen Vertreter für Israel, einen für die Palästinenser, einen für den Libanon, einen für das Osmanische Reich und dazu noch jemanden für dich selbst.

Der Klient wählt die Stellvertreter aus und stellt sie in Beziehung zueinander.

Bild 1

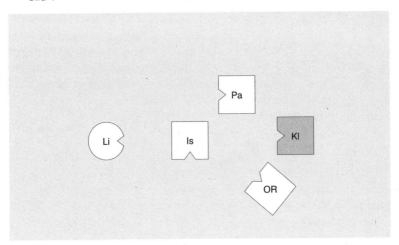

Kl	Klient
Is	Israel
Pa	Die Palästinenser
Li	Libanon
OR	Das Osmanische Reich

HELLINGER *zur Gruppe* Ich werde jetzt nichts sagen, sondern ich überlasse die Stellvertreter der Bewegung, die sich von alleine ergibt.

Der Stellvertreter des Klienten stellt sich hinter den Stellvertreter der Palästinenser. Dann geht dieser Stellvertreter langsam zur Vertreterin des Libanon und stellt sich neben sie.

Bild 2

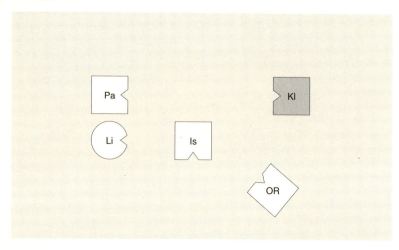

Die Vertreterin des Libanon geht langsam auf den Vertreter von Israel zu und legt ihm die Hand auf die Schulter. Israel schaut die ganze Zeit auf den Boden.

Bild 3

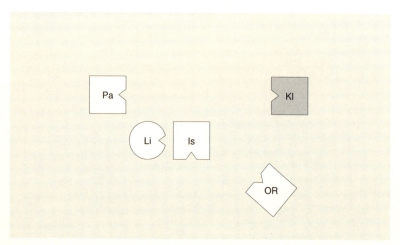

Das Osmanische Reich und der Stellvertreter des Klienten ziehen sich etwas von Israel zurück. Dann dreht sich der Vertreter des Klienten um und schaut nach draußen.

Bild 4

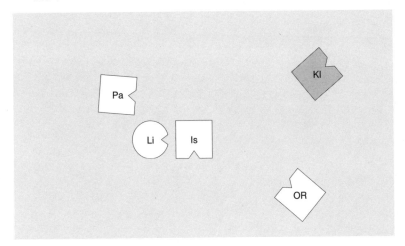

Der Vertreter der Palästinenser geht ebenfalls etwas weiter zurück. Israel schaut zur Vertreterin des Libanon. Diese schaut Israel freundlich an. Dann schaut Israel wieder zu Boden und beugt sich nach vorn.

HELLINGER *zum Klienten* Es fehlt ein Land, das du jetzt noch aufstellen musst. Das ist Deutschland.

Der Klient wählt einen Stellvertreter für Deutschland aus und stellt ihn dazu. Während er aufstellt, zieht sich der Libanon wieder zurück. Der Vertreter des Klienten schaut hinüber zu Deutschland.

Bild 5

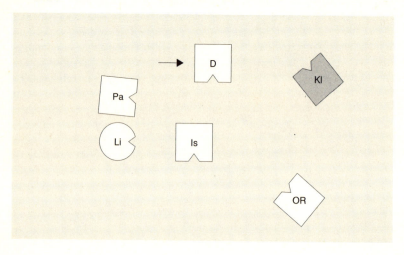

D   Deutschland

Israel beugt sich immer tiefer, geht zu Boden und legt sich auf die linke Seite, mit dem Blick weg von den anderen. Auch Deutschland geht langsam tiefer in die Hocke, jedoch nicht ganz und stützt die Hände auf die Knie. Das Osmanische Reich hat sich noch weiter zurückgezogen, ebenso der Vertreter des Klienten. Auch der Libanon ist etwas zurückgetreten.

Bild 6

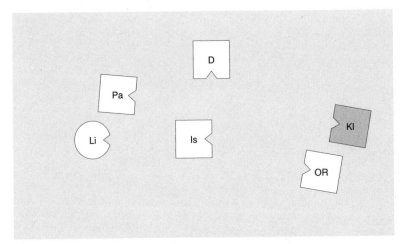

HELLINGER *zur Gruppe* Ich greife jetzt das erste Mal ein.

Hellinger geht zum Stellvertreter von Israel und bittet ihn, in die andere Richtung zu schauen. Dieser hebt den Kopf und schaut sich um. Deutschland schwankt sehr.

HELLINGER Es gibt eine Richtung, in die Israel nicht schaut. Es schaut nicht auf den Libanon, und es schaut nicht auf die Palästinenser.

Israel schaut hinüber zu Deutschland, liegt nun auf dem Rücken und lässt den Kopf wieder auf den Boden sinken. Deutschland kniet sich hin und schaut zu Boden. Der Libanon und die Palästinenser haben sich noch weiter zurückgezogen.

Bild 7

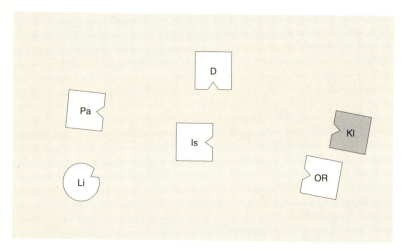

Deutschland rutscht auf den Knien näher zu Israel. Beide schauen sich intensiv an. Deutschland will die Hand nach Israel ausstrecken, zieht sie aber immer wieder zurück. Dann streckt Deutschland die Hand weit nach vorn und neigt den Kopf bis zum Boden. Nach einer Weile richtet es sich auf, zieht die Hand wieder zurück und schaut sich Hilfe suchend um. Es streckt wieder die Hand nach Israel aus, zieht sie wieder zurück und schlägt hilflos auf den Boden. Dann verneigt es sich wieder tief, die Hände nach vorn gestreckt.

Inzwischen hat Israel den rechten Arm zur Seite gelegt, etwas näher zu Deutschland hin. Deutschland berührt die Hand von Israel zögernd, zieht sie aber wieder zurück, verneigt sich bis auf den Boden und schlägt wieder hilflos mit den Händen auf den Boden. Es versucht von neuem, die Hand Israels zu berühren, zieht sie aber immer wieder zurück. Als es dann endlich die Hand Israels berührt, zuckt der Vertreter Israels zusammen, schreit vor Schmerz und legt sich gekrümmt auf seine rechte Seite, in Richtung Deutschland.

Bild 8

Israel schluchzt laut. Deutschland versucht, es zu berühren, zieht aber immer wieder seine Hand zurück. Dann berührt es Israel am Knie, rutscht ganz nahe, umfasst den Kopf von Israel und berührt mit seinem Kopf den Kopf von Israel. Israel schluchzt noch mehr mit lauten Schmerzensschreien. Deutschland hält es fest. Nur langsam beruhigt sich Israel.

Bild 9

Deutschland richtet sich auf, schaut sich um, winkt und sagt: »Ich brauche Hilfe. Hier brauche ich Hilfe.« Es zeigt auf Israel und sagt: »Wir brauchen Hilfe. Bitte, bitte, bitte.«

Eine Frau aus dem Publikum kommt zur Bühne, beugt sich über Israel, hält es fest, atmet schwer und weint. Eine zweite Frau kommt zur Bühne und kniet sich neben die erste.

Bild 10

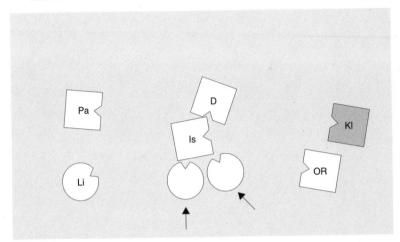

Deutschland winkt noch anderen Teilnehmern. Es zeigt auf die Vertreterin des Libanon und die Vertreter der Palästinenser, des Osmanischen Reiches und des Klienten und sagt: »Ich brauche Hilfe von denen.«

Dann schickt Hellinger die Frauen, die auf die Bühne gekommen waren, wieder weg.

HELLINGER *zur Gruppe* Wir dürfen nicht zu viele Eingriffe von außen zulassen. Hier zeigt sich die Situation Israels und Deutschlands, wie sie ist. Diesem Bild vertraue ich.

Inzwischen hat sich die Vertreterin des Libanon neben Israel gekniet.

Bild 11

Wieder versucht Deutschland Israel sanft zu berühren, traut sich aber nicht. Israel ist nun ruhig geworden.

HELLINGER *nach einer Weile* Hier zeigt sich, dass niemand von außen in den Konflikt zwischen Israel und Deutschland eingreifen kann. Und es zeigt sich deutlich: Bevor es hier keine Lösung gibt, finden sich nur schwer Lösungen auch für die anderen Konflikte.

Deutschland sucht weiterhin die Annäherung an Israel. Beide schauen sich intensiv in die Augen. Nach einer Weile richtet sich Israel etwas auf. Beide berühren sich an der Stirn. und verbleiben so für längere Zeit. Dann schauen sie sich an.

Israel steht nun auf, reicht Deutschland die Hände und zieht es zu sich empor. Dabei bleiben sie in intensivem Blickkontakt. Der Libanon hat sich etwas zurückgezogen.

Bild 12

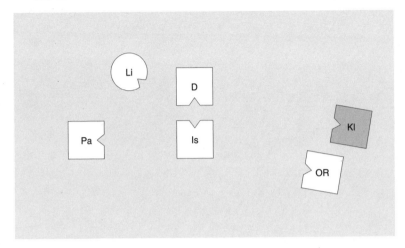

Nach einer Weile berührt Deutschland sich mit der rechten Hand an der Schläfe und berührt mit dieser Hand auch die Schläfe Israels. Dann wendet sich Israel von Deutschland ab und schaut mit ihm zusammen zu den Vertretern der Palästinenser, des Osmanischen Reiches und des Klienten.

Danach stellt sich der Vertreter des Klienten neben den Vertreter der Palästinenser. Dieser schaut auf den Boden.

Bild 13

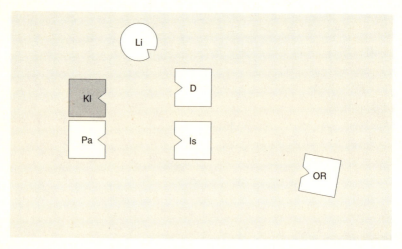

Die Vertreterin des Libanon geht langsam auf den Vertreter von Israel zu. Dieser verbeugt sich tief, kniet sich hin und verneigt sich bis auf den Boden. Die Vertreterin des Libanon kniet sich neben ihn, legt ihre Hand auf seine Schulterblätter und schaut zum Vertreter der Palästinenser und zum Vertreter des Klienten.

Der Vertreter der Palästinenser stellt sich hinter den Vertreter des Klienten und legt ihm die Hände auf die Schultern.

Bild 14

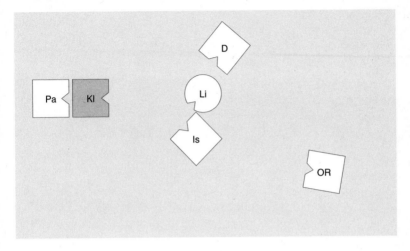

Israel ist sehr bewegt und weint. Dann richtet es sich auf und reicht dem Libanon die Hand. Beide schauen sich intensiv an. Nach einer Weile lassen sie ihre Hände los. Israel schaut auf den Boden, schüttelt den Kopf und macht eine hilflose Handbewegung. Der Libanon zieht sich etwas zurück.

Bild 15

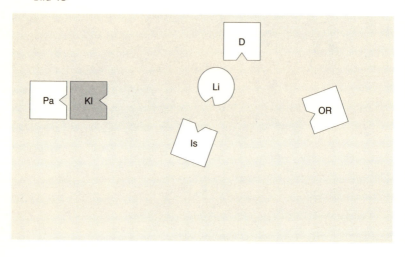

Der Libanon geht hinüber zum Vertreter der Palästinenser und stellt sich neben ihn. Der Vertreter des Klienten geht langsam auf Israel zu. Israel hat sich voll aufgerichtet. Dann stellt sich der Vertreter der Palästinenser vor Israel. Der Vertreter des Klienten ist wieder zurückgegangen und hat sich weggedreht.

Bild 16

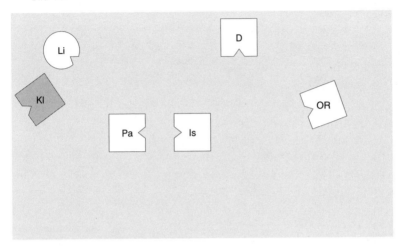

Der Vertreter der Palästinenser hat seine rechte Hand auf sein Herz gelegt, lässt sie aber wieder sinken. Israel geht etwas auf ihn zu, dreht sich dann aber zur linken Seite. Der Libanon tritt hinter den Vertreter der Palästinenser und berührt ihn. Der Vertreter der Palästinenser fällt auf den Boden, als hätte er aufgegeben. Der Libanon zieht sich etwas zurück.

Inzwischen hat sich der Vertreter des Klienten wieder umgedreht.

Bild 17

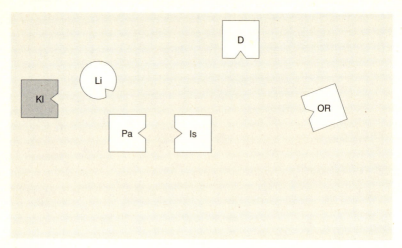

Israel steht unschlüssig da und schaut Hilfe suchend um sich.

HELLINGER *zur Gruppe* Wir sehen jetzt bei Israel die gleiche Hilflosigkeit, wie wir sie vorher bei Deutschland gesehen haben.

Israel bewegt hilflos die Hände, schaut zu Boden, dreht sich wieder nach links, bewegt wieder hilflos die Hände und schüttelt den Kopf. Der Libanon hat sich inzwischen neben das Osmanische Reich gestellt.

HELLINGER Auch Israel könnte jetzt sagen: »Ich brauche Hilfe.«

Plötzlich dreht sich Israel weg, springt von der Bühne und kauert sich auf den Boden.

Bild 18

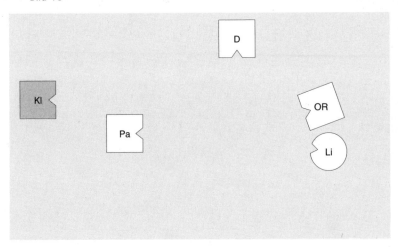

Die Vertreter des Klienten und der Palästinenser treten an den Rand der Bühne und schauen hinunter. Israel versucht sich zu verstecken und rutscht auf den Knien zwischen die Teilnehmer.

HELLINGER *zur Gruppe* Jetzt greife ich wieder ein.
zum Vertreter Israels Du musst zurückkommen. Das ist eine Fluchtbewegung. Sie hilft nichts. Du musst wieder hochkommen.

Der Vertreter von Israel kommt auf die Bühne zurück, bewegt wieder hilflos die Hände und dreht sich langsam im Kreis. Deutschland tritt vor ihn, dreht ihn zum Vertreter des Klienten und stützt ihn von hinten.

Bild 19

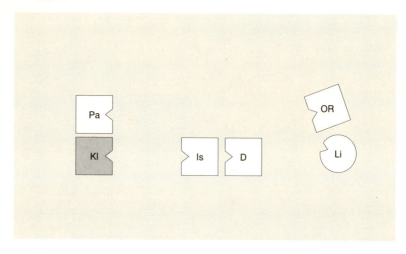

Deutschland schiebt Israel langsam nach vorn. Dann geht Israel allein weiter. Der Libanon und das Osmanische Reich gehen auf die andere Seite, sodass Israel sie sehen kann. Der Vertreter der Palästinenser tritt hinter den Vertreter des Klienten. Dieser geht nun auf Israel zu. Er umarmt Israel und schluchzt. So verbleiben sie lange.

Bild 20

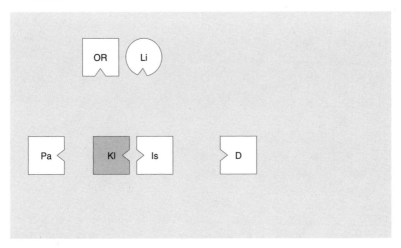

Der Vertreter der Palästinenser stützt den Vertreter des Klienten von hinten. Dann stellen sich die Vertreter des Klienten und von Israel nebeneinander. Sie halten sich von hinten umfasst und schauen auf Deutschland. Der Vertreter der Palästinenser und die Vertreterin des Libanon stehen ebenfalls zusammen, aber etwas weiter zurück. Alle schauen sich jetzt an. Der Vertreter des Klienten tritt nun zwischen Libanon und das Osmanische Reich.

Israel stellt sich neben den Vertreter der Palästinenser. Deutschland tritt etwas zurück.

Bild 21

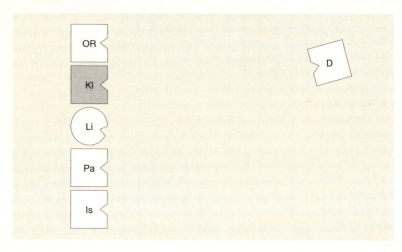

HELLINGER *nach einer Weile* Ich glaube, da können wir es lassen. *zu den Stellvertretern* Ich frage euch jetzt, was in euch vorgegangen ist.

ISRAEL Schon ganz am Anfang konnte ich nicht in eine Richtung gehen. Dann hat Deutschland meine ganze Aufmerksamkeit auf sich gezogen. Ich habe nichts anderes mehr gesehen. Ich wusste auch nicht mehr, wer wer ist. Es waren für mich lauter fremde Gesichter. Ich konnte mich auch keinem zuwenden, mit keinem in Berührung kommen. Zwischendurch hatte ich das Gefühl zu kämpfen und zu resignieren, anzugreifen und zurückzugehen. Ich wusste da keinen Ausweg. Ich wollte da raus. Deswegen bin ich von der Bühne gesprungen.

Dann hat mir Deutschland den Rücken etwas gestärkt und mich unterstützt. Allmählich konnte ich die vielen fremden Gesichter erkennen und spüren. Danach wurde mir Deutschland, als ich ihm gegenüberstand, vom Gefühl her fremd. Ich verlor die Angst vor den Fremden. Ich habe gesehen, dass hinter diesen Fremden auch Angst steht. Das habe ich gespürt, als ich auf sie zugegangen bin. Dann konnte ich mich bei den Fremden einreihen.

VERTRETER DER PALÄSTINENSER Ich hatte durchgängig einen sehr schwachen Stand und war sehr zittrig auf den Beinen. Das vorherrschende Gefühl war, ich suche nach irgendwelchen Alliierten. Doch keiner war sicher. Massiv war die Angst vor Israel, als es auf mich zukam. Als es dann von der Bühne sprang, kam mir der Gedanke, dass da auch so etwas wie Angst oder das Gefühl von Alleinsein sein könnte. Dann war es leichter zu sehen, wie gewissermaßen mein Sohn auf Israel zugegangen ist.

DER LIBANON Bei mir war von Anfang an das Bedürfnis da, die Verbindung zu den Ländern zu suchen, die da standen. Zuerst hatte ich einen ganz starken Bezug zu Israel. Es war etwas Warmes da. Aber Israel hatte nach unten zu gehen. Ich bin dann einfach zu ihm hingegangen. In der Berührung ist es nach unten gegangen. Dann habe ich gemerkt, ich muss da weg. In meinen Bewegungen habe ich mich sehr mit Palästina verbunden gefühlt. Zum Schluss wurde mir ganz wichtig, dass das Osmanische Reich näher kommt. Jetzt ist es für mich gut hier.

STELLVERTRETER DES KLIENTEN Am Schluss habe ich gedacht, ich werde verrückt. Es war mir alles zu viel. Eine große Veränderung gab es für mich, als Israel die Bühne verließ. Dann habe ich Mitgefühl für Israel bekommen. Vorher hatte ich gegenüber Israel nur Hass gefühlt. Jetzt konnte ich spüren: Mir geht es auch so wie Israel: Es ist zu viel. Ich habe mich verbunden gefühlt und weich.

Plötzlich kam wieder ein unheimlicher Hass hoch, und zwar in Richtung Deutschland. Deutschland ist schuld. Wir sind beide Opfer von Deutschland: erst Israel von Deutschland, dann ich von Israel. Deutschland ist der eigentliche Schuldige. Dann habe ich gemerkt, es ist nicht nur das. Ich fühlte mich wie verrückt. Ich habe gesehen, dass auch andere schuldig sind.

Das Osmanische Reich neben mir war wie mein Großvater. Da konnte ich ein bisschen kleiner werden und brauchte nicht mehr so viel zu denken.

DAS OSMANISCHE REICH Ich war sehr alt, sehr stolz, sehr stark. Schwach wurde ich, als Israel und Deutschland sich in den Armen lagen. Da fingen meine Beine an zu zittern.

DEUTSCHLAND Für mich war sofort nur Israel bedeutsam. Ich wollte Haltung bewahren, aber es ging nicht mehr. Es war sehr schwer für mich, da nachzugeben. Ich wollte Haltung bewahren. Dann spürte ich diese Hilflosigkeit, als ob ich nicht das Recht hätte, zu Israel zu gehen. Ich hatte ein großes Bedürfnis, Israel sehr lange in die Augen zu sehen. Die Zeit dafür war hier viel zu kurz. Dann kam so etwas wie: Deine Augen sind meine Augen. Und ich hatte ein großes Bedürfnis nach Zärtlichkeit und Israel Schutz zu geben. Das war ein kleiner Anfang nur. Das ist noch mitten im Körper drin. Das ist noch zittrig.

Ganz zum Schluss dachte ich und hatte das Gefühl: Ich weiß, wie es ist, sich schuldig zu fühlen, und dass es vielleicht doch für Israel ein Möglichkeit für eine Lösung gibt. So habe ich die Lösung etwas unterstützt. Ich wusste aber, ich darf da nur ein bisschen machen. Wer bin ich, dass ich so etwas vermitteln dürfte.

Was den Klienten betrifft, bin ich bereit, ihm eine provisorische Heimat zu sein. Das ist aber nicht sehr kraftvoll. Ich fühle mich am ruhigsten, wenn ich ihn beim Libanon sehe.

HELLINGER *zu den Stellvertretern* Danke euch allen.

Die Große Seele

HELLINGER *zur Gruppe* Was wir hier gesehen haben, hat gezeigt, was passiert, wenn man die Stellvertreter gesammelt ihren eigenen Bewegungen überlässt. Diese Bewegungen haben etwas ans Licht gebracht, was über das Familien-Stellen weit hinausgeht. Für mich sind es Bewegungen der Großen Seele. Die Große Seele zeichnet sich durch etwas Besonderes aus. In der Tiefe gehen diese Bewegungen auf Versöhnung hin.

Aber, wie ihr hier gesehen habt, es braucht lange Zeit und einen langen Atem, bis sich so ewas entwickeln kann. Man kann nicht vorschnell eingreifen. Deswegen kann man von hier aus auch keine Schlussfolgerungen ziehen, was die politischen Maßnahmen wären, die zur Versöhnung führen. Für uns genügt es, wenn wir wissen: Wenn wir den tieferen Kräften vertrauen, finden sie nach langer Zeit vielleicht die Wege zur Lösung.

Hier hat sich auch gezeigt: Wir werden miteinander verbunden, wenn wir anerkennen, dass wir schuldig sind. Täter oder Schuldige kommen eher miteinander aus, als wenn einer noch denkt, er sei unschuldig und überlegen. Die Verbindung von Gleich zu Gleich gelingt, wenn wir von der Unterscheidung zwischen Guten und Bösen Abschied nehmen.*

---

* Diese Aufstellung ist dokumentiert auf dem Video: Bert Hellinger: Bewegungen auf Frieden hin. Movements Towards Peace. Deutsch/Englisch.

NACHBETRACHTUNGEN

Karfreitag*

Heute ist Karfreitag. Für die Christen ist es ein besonderer Tag. Ist es ein guter Tag? Ist es ein schlimmer Tag? Was ist an diesem Tag passiert? Jesus wurde gekreuzigt, in Jerusalem ein alltägliches Ereignis.

Von Jesus, wie er wirklich war, wissen wir nur wenig. Es gibt in den Evangelien verschiedene Schichten. In einigen scheint er noch durch, wie er war: ein Mensch, der sich seiner Grenzen bewusst war, der sich seiner Abhängigkeit von Gott bewusst war und dem manchmal nicht gelang, was er wollte. Also im Grunde ein Mensch wie wir. So hat er sich verstanden.

Aber was ist dann passiert? Als er am Kreuz hing, schrie er mit lauter Stimme: »Mein Gott, mein Gott, warum hast du mich verlassen?« Da war er ganz Mensch. Ein Mensch, der an seine Grenzen kam und der erfahren musste, dass Gott für uns unerreichbar bleibt. Das war seine Größe, das zu erfahren und sich dem zu stellen.

Doch was hat man dann mit diesem Jesus gemacht? Für die Jünger, die das sahen und die diesen Schrei hörten, war diese Vorstellung, dass er von Gott verlassen war, unerträglich. Sie konnten sich diesem großen Gott, der geheimnisvoll bleibt, nicht stellen. Daher haben sie seine Auferstehung gepredigt, und dass er zur Rechten Gottes sitzt als Gottes Sohn und dass er zu richten kommt die Lebenden und die Toten.

Was ist dann passiert? Von dem wirklichen Jesus hat man kaum noch gesprochen. Er war auf einmal unwichtig. Paulus hat in seinen Briefen Jesus kaum noch erwähnt. Er war ihm unwichtig. Dabei sind seine Briefe die ältesten Schriften des Neuen Testaments. Die Evangelien entstanden erst viel später, dreißig bis fünfzig Jahre später. Sie wurden geschrieben aus dem Glauben an die Erhöhung Jesu. Damit wurde der wirkliche Jesus in den Hintergrund gedrängt.

Der erhöhte Jesus ist im Grunde ein schrecklicher Jesus, verglichen mit dem wirklichen Jesus, von dem wir noch etwas wissen. Man braucht sich nur mal die Geheime Offenbarung des Johannes vorzunehmen und zu lesen, wie Gott und der erhöhte Jesus dort geschildert werden. Er kommt auf einem weißen Pferd und vor der Stadt tritt er

---

* Aus einem Kurs in Buenos Aires, April 2001.

die Kelter des Zornes Gottes, und das Blut fließt bis an die Zügel der Pferde, meilenweit. Ist das nicht schrecklich? Das soll Gott sein und Jesus soll an seiner Rechten sitzen, wo doch nur noch von Blut und Strafgerichten die Rede ist? Zugleich wird dieser Gott als ein Gott der Liebe verkündet?

In diesem Zusammenhang kommt noch etwas anderes Schlimmes zum Vorschein, nämlich der Hass der Christen auf die Juden. Im Matthäus Evangelium wird eine Passage eingefügt, offensichtlich in übler Absicht, dass das ganze Volk schrie: Sein Blut komme über uns und unsere Kinder. Da fängt der Leidensweg der Juden unter den Christen an.

Was haben die Juden doch von den Christen erleiden müssen. Das Gleiche wie Jesus. Wenn man das liest und hört, ist es im Grunde genau das, was über Jesus gesagt wird, was ihm angetan wurde. Die Juden haben sich dabei so verhalten, wie es von Jesus geschildert wird. Wie ein Lamm, das zur Schlachtbank geführt wird, öffneten sie nicht ihren Mund. Das war das Auffällige beim Holocaust, wie Hunderttausende einfach abgeführt wurden – und sie haben sich nicht gewehrt.

Und was scheint jetzt in den Juden für uns auf? Das Judentum ist für uns ein besonderes Bild in der Seele. Denn das, was die Christen ihnen angetan haben und wie sie mit ihnen umgegangen sind, folgt einem bestimmten inneren Bild. Wen vertreten die Juden in unserer Seele? Den Menschen Jesus, den wir nicht mehr wahrhaben wollen. Durch die Erhöhung wurde dem Menschen Jesus großes Unrecht angetan. Er darf sich nicht mehr zeigen als Mensch wie wir. Wir müssen ihn verleugnen, weil wir uns sonst dem Gott stellen müssen, der Jesus verlassen hat und für uns unzugänglich bleibt. Deswegen bekämpfen wir in den Juden die Schattenseite des Christentums.

Der heutige Tag wäre vielleicht eine Möglichkeit, sich darauf zu besinnen, wie wir sowohl dem Menschen Jesus wie auch den Juden Gerechtigkeit widerfahren lassen.

Gestern haben wir hier bei einer Aufstellung gesehen, was geschieht, wenn ein Mörder seinem Opfer in die Augen schaut. Wie beide auf einmal zusammenfinden in gemeinsamem Leid und im Tod zum Frieden finden. Ich mache mir hier auch ein Bild. Wie wäre es, wenn wir uns vorstellen, dass Jesus im Totenreich dem Judas begegnet, den Hohen Priestern, die ihn verurteilt haben, dem Pilatus, denen, die ihn ans Kreuz geschlagen haben? Sie schauen sich in die Augen, werden Mensch zu Mensch, weinen über das, was geschehen ist, und finden so zum Frieden. Wenn wir dieses Bild in uns haben, können wir auch den Juden in die Augen schauen von Mensch zu Mensch, können mit ihnen weinen über das, was ihnen angetan wurde: durch das ganze Mittelalter in vielen christlichen Ländern, zum Beispiel in Spanien, auch in Russland und, vor allem, in letzter Zeit in Deutschland. Dann würde dieser Tag ein Tag der Versöhnung und des Friedens sein.

Der Himmel auf Erden[*]

Diese Arbeit im Einklang mit etwas Größerem könnte man als spirituell bezeichnen oder sogar als religiös. Ich bin da vorsichtig, sehr vorsichtig. Sie ist etwas zutiefst Menschliches. Sie bringt ans Licht, dass keiner für sich allein steht. Wir sind alle eingebunden in etwas Anderes.

Vor kurzem habe ich mir Gedanken über den Himmel gemacht. Gibt es so etwas wie den Himmel? Viele glauben an den Himmel. Vielleicht kann man ihn erfahren, menschlich erfahren. Die Sehnsucht nach dem Himmel, die wir spüren, findet vielleicht hier auf der Erde ihr Ziel.

Was passiert, wenn wir uns der Sehnsucht nach dem Himmel anvertrauen? Wir hören in die Ferne, weit weg. Wir lauschen in die Ferne, ob wir vielleicht etwas wahrnehmen. In diesem Lauschen sind wir ganz gesammelt. Wir nehmen etwas wahr – ohne Worte, und wir schauen vielleicht – nicht auf das Nahe – in die Weite, weit und fern zugleich, setzen uns etwas aus, das fern und weit ist.

Wir sehen nicht genau, und doch sind wir in diesem Sehen und in diesem Hören offen für etwas Großes. Wir gehen weg von uns selbst und sind mit etwas Größerem, Verborgenem in Einklang.

Es gibt ein Wort für dieses Größere, in dem das voll gefühlt wird. Das Wort heißt: das Nicht. Ich will das etwas erläutern.

Alles, was ist, ist umgeben von Nicht. Das Sein ist begrenzt – gegenüber was? Einem Nicht. Das Nicht ist unendlich. Verglichen mit dem Sein ist es unendlich.

Uns diesem Nicht auszusetzen, macht uns dem Nicht ähnlich. Das heißt, es macht uns weit und auf gewisse Weise unendlich. Sich dem Nicht auszusetzen, indem man weit hinhört und weit hinschaut und

---

[*] Aus einem Kurs in Rom, Mai 2002.

ins Gefühl das Ganze mit einbezieht, indem man sich dem Nicht so nähert – das erfüllt. In dieser Bewegung erfahren wir Himmel.

Wenn jetzt mehrere gleichzeitig diese Erfahrung machen, sind sie miteinander verbunden in dieser Erfahrung. Dann ist diese Erfahrung nicht einzeln, sondern sie verbindet viele in einer Haltung. Dann werden sie alle gemeinsam mit dem Himmel und miteinander verbunden. Deswegen erreichen wir diesen Himmel, wenn wir in der Gegenwart aller Menschen uns bewegen.

Es gibt in manchen religiösen und spirituellen Bewegungen die Vorstellung vom Wandel in der Gegenwart Gottes. Stellt euch vor oder fühlt, was das in der Seele bewirkt? Und zum Vergleich stellt euch vor, in gleicher Weise wandelt ihr in der Gegenwart der Menschen, mit der gleichen Bewegung von weithin hören, weithin schauen, weithin fühlen. Was ist dem Göttlichen, wenn es das gibt, am nächsten? Was ist dem Himmel am nächsten?

Veröffentlichungen von und mit Bert Hellinger

Weitere ausführliche Informationen über Bert Hellinger und seine Arbeit, Adressen von Aufstellern, Informationen über Aus- und Weiterbildung etc. finden Sie im Internet unter: www.hellinger.com.

Ordnungen der Liebe

Die Veröffentlichungen unter dieser Überschrift führen in das Familien-Stellen ein, fassen Hellingers Einsichten zusammen und wenden sich an ein breiteres Publikum.

Zweierlei Glück. Die systemische Psychotherapie Bert Hellingers
Herausgegeben von Gunthard Weber 1993
   14. überarb. Auflage 2001. 338 Seiten. ISBN 3-89670-197-5. *Carl-Auer-Systeme Verlag*
In lebendigem Wechsel von Vorträgen, Fallbeispielen und Geschichten führt Gunthard Weber umfassend in die Denk- und Vorgehensweisen Bert Hellingers ein. Das übersichtlich gegliederte Buch beschäftigt sich ausführlich mit den verschiedenen Aspekten von Beziehungen, mit den »Bedingungen für das Gelingen«, dem »Gewissen als Gleichgewichtssinn in Beziehungen«, den »Beziehungen zwischen Eltern und Kindern« sowie den Paarbeziehungen, den systemischen Verstrickungen und ihren Lösungen und abschließend mit der Praxis systembezogener Psychotherapie.

Ordnungen der Liebe. Ein Kursbuch 1994
   7., korr. Auflage 2001. 516 Seiten. ISBN 3-89670-215-7, *Carl-Auer-Systeme Verlag*
Dies ist ein Kursbuch in mehrfachem Sinn. Erstens werden ausgewählte therapeutische Kurse wortgetreu wiedergegeben. So kann der Leser am Ringen um Lösungen teilnehmen, als wäre er selbst mit dabei. Zweitens werden Hellingers therapeutische Vorgehensweisen ausführlich dargestellt und erläutert, vor allem seine besondere Art, Familien zu stellen. Drittens nimmt Hellinger den Leser auf den Erkenntnisweg mit, der zum Erfassen der hier beschriebenen Ordnungen führt. Abschließend erläutert Hellinger in einem längeren Interview seine Einsichten und Vorgehensweisen.
(Dieses Buch ist als Taschenbuch erschienen im Knaur Verlag: ISBN 3-426-77563-8.)

Die Quelle braucht nicht nach dem Weg zu fragen. Ein Nachlesebuch 2001
   2. Auflage 2002. 388 Seiten. ISBN 3-89670-277-7, *Carl-Auer-Systeme Verlag*
Die in diesem Buch gesammelten Aussagen wurden ursprünglich in Kursen über das Familien-Stellen als Einleitungen gesprochen oder als Zwischenerklärungen oder als Zusammenfassungen zu dem, was vorangegangen war, oder auch als Antworten auf Fragen und einige als Interviews. Alle diese Aussagen haben ein Umfeld. Der Kontext färbt auf sie ab und macht sie lebendig. Sie behandeln ein

Thema nicht vollständig, sondern bringen es auf den Punkt, der es dem Leser ermöglicht, entsprechend zu handeln. In diesem Buch wurden sie übersichtlich nach Themen geordnet.

Entlassen werden wir vollendet. Späte Texte 2001
2. Auflage 2002. 220 Seiten. ISBN 3-466-30558-6. Kösel-Verlag
»Erst wenn die reife Frucht zur Erde fällt, entlässt sie, was der Zukunft dient.« Mit diesen Worten führt Bert Hellinger in diese Texte ein. Sie enthalten Antworten auf wesentliche Fragen und Einsichten in mögliches und fälliges menschliches Tun. Dazwischen stehen hintersinnige Aphorismen.
Dies ist ein Weisheitsbuch und ein Vermächtnis, das um die Themen Abschied und Versöhnung kreist und oft an Letztes rührt.

Anerkennen, was ist. Gespräche über Verstrickung und Lösung
Zusammen mit Gabriele ten Hövel 1996
12. Auflage 2002. 220 Seiten. ISBN 3-466-30400-8. Kösel-Verlag
In dichten Gesprächen mit der Journalistin Gabriele ten Hövel gibt Hellinger Einblick in die Hintergründe seines Denkens und Tuns. Und er zeigt, wie über die Anerkennung der Wirklichkeit auch in schwierigen Fragen die Verständigung gefunden und ein Ausgleich erreicht werden kann. Ein Glossar macht den Inhalt über zahlreiche Stichworte zugänglich.

Mit der Seele gehen
Herausgegeben von Bertold Ulsamer und Harald Hohnen 2000
1. Auflage 2001. 187 Seiten. ISBN 3-451-27579-1. Herder Verlag
Im Gespräch mit Ulsamer und Hohnen erzählt Hellinger von seiner Methode. Er macht deutlich: Es gibt Ordnungen, die man nicht verletzen darf, die aber wieder ins Gleichgewicht kommen können, wenn man sie erkennt. Ein Buch, das einführt in die größeren Zusammenhänge seines Denkens, in seine »Philosophie« und in seine spirituellen Grundeinsichten. Die Einführung für Neugierige – aber auch für diejenigen, die wissen wollen, was hinter dem Familien-Stellen steckt.

Die Mitte fühlt sich leicht an. Vorträge und Geschichten 1996
9. erweiterte Auflage 2003. 264 Seiten. ISBN 3-466-30460-1. Kösel-Verlag
Hellingers grundlegende Vorträge und Geschichten sind hier gesammelt vorgestellt. Sie kreisen um die gleiche Mitte, eine verborgene Ordnung, nach der Beziehungen gelingen oder scheitern.

Die Mitte fühlt sich leicht an. Vorträge und Geschichten
(Begleitende Ausgabe auf Video/Audio-CD)
Die unter obenstehendem Titel zusammengefassten Vorträge und Geschichten sind auch auf CD und Video erhältlich, ebenso wie die folgenden Videos, CDs und Audiokassetten.

Bezugsadresse: Carl-Auer-Systeme Verlag, Weberstr. 2, 69120 Heidelberg
Fax: 06221/64 38 22, Email: info@carl-auer.de

CD-Paket 1 *(2 CDs) bzw. Video 1*
> *Schuld und Unschuld in Beziehungen (Vortrag)*
> *Geschichten, die zu denken geben*
>> 141 Minuten
>> ISBN 3-931574-48-2 *(CD)*
>> ISBN 3-931574-54-7 *(Video)*

CD-Paket 2 *(2 CDs) bzw. Video 2*
> *Die Grenzen des Gewissens (Vortrag)*
> *Geschichten, die wenden*
>> 135 Minuten
>> ISBN 3-931574-49-0 *(CD)*
>> ISBN 3-931574-55-5 *(Video)*

CD-Paket 3 *(3 CDs) bzw. Video 3*
> *Ordnungen der Liebe (Vortrag)*
> *Geschichten vom Glück*
>> 206 Minuten
>> ISBN 3-931574-50-4 *(CD)*
>> ISBN 3-931574-56-3 *(Video)*

CD-Paket 4 *(2 CDs) bzw. Video 4*
> *Leib und Seele, Leben und Tod (Vortrag)*
> *Psychotherapie und Religion (Vortrag)*
>> 120 Minuten
>> ISBN 3-89670-066-9 *(CD)*
>> ISBN 3-89670-067-7 *(Video)*

CD 5 *bzw. Video 5*
> *Das Judentum in unserer Seele (Vortrag)*
>> 50 Minuten
>> ISBN 3-89670-217-3 *(CD)*
>> ISBN 3-89670-216-5 *(Video)*
>> *In NTSC Format erhältlich bei:*
>> *Zeig, Tucker & Co. 1935 E.Aurelius Ave. Phoenix, Arizona 85020-5543, USA*

Finden, was wirkt. Therapeutische Briefe 1993
erweit. Neuauflage. 11. Auflage 2003. 191 Seiten. ISBN 3-466-30389-3. Kösel-Verlag
Diese Briefe geben knapp und verdichtet – meist unter 20 Zeilen! – Antwort auf Fragen von Menschen in Not und zeigen, oft überraschend und einfach, die heilende Lösung. Sie lesen sich wie kleine Geschichten, denn jeder Brief erzählt verschlüsselt ein Schicksal. Es geht um die Themen: »Mann und Frau«, »Eltern und Kinder«, »Leib und Seele«, den »tragenden Grund« und »Abschied und Ende«.

Religion – Psychotherapie – Seelsorge. Gesammelte Texte 2000
2. Auflage 2001. 240 Seiten. ISBN 3-466-30526-8. Kösel-Verlag
Dass eine Familie durch eine gemeinsame Seele verbunden, aber auch gesteuert wird, hat Bert Hellinger schon in vielen Publikationen dokumentiert. Seine Methode des Familien-Stellens hat gezeigt, dass wir in größere Zusammenhänge eingebunden sind, die unser Leben unabhängig von unseren Ängsten und Wünschen beeinflussen. Die tiefgreifenden Auswirkungen des Holocaust in den nachfolgenden Generationen sind nur ein Beleg dafür.
Diese Erfahrungen gehen weit über unsere traditionellen Gottesbilder und religiösen Haltungen hinaus. Auch die bisherige Seelsorge wird solchen Erkenntnissen nicht mehr gerecht. Bert Hellinger nähert sich diesen religiösen Fragen deshalb auf eine neue Weise.

Verdichtetes. Sinnsprüche – Kleine Geschichten – Sätze der Kraft 1995
5. Auflage 2000. 109 Seiten. ISBN 3-89670-001-4. Carl-Auer-Systeme Verlag
Die hier gesammelten Sprüche und kleinen Geschichten sind während der therapeutischen Arbeit entstanden. Sie sind nach Themen geordnet: »Wahrnehmen, was ist«, »Die größere Kraft«, »Gut und Böse«, »Mann und Frau«, »Helfen und Heilen«, »Leben und Tod«. Ihr ursprünglicher Anlass scheint manchmal noch durch, doch reichen sie weit darüber hinaus. Gewohntes Denken wird erschüttert, verborgene Ordnungen kommen ans Licht.
In den Sätzen der Kraft verdichtet sich heilendes Sagen und Tun. Sie bringen eine Lösung in Gang, wenn jemand in ein fremdes Schicksal verstrickt ist oder in persönliche Schuld, und machen für Kommendes frei.

Einsicht durch Verzicht. Der phänomenologische Erkenntnisweg in der Psychotherapie am Beispiel des Familien-Stellens (Vortrag)
Audio-Cassette 1999. 57 min. ISBN 3-89670-164-9. Carl-Auer-Systeme Verlag
Auf dem phänomenologischen Erkenntnisweg setzt man sich der Vielfalt von Erscheinungen aus, ohne zwischen ihnen zu wählen oder zu werten. Die Aufmerksamkeit ist dabei zugleich gerichtet und ungerichtet, gesammelt und leer. Auf diese Weise gewinnt der Therapeut beim Familien-Stellen die Einsichten über das bisher Verborgene und findet die Wege, die aus Verstrickungen lösen. Worauf er dabei zu achten hat, zeigt dieser Vortrag.

Vom Himmel, der krank macht, und der Erde, die heilt (Vortrag)
Leiden ist leichter als lösen (Vortrag)
   2 Audio-Cassetten. 1995/1993. Je 60 min. ISBN 3-89670-047-2. Carl-Auer-Systeme Verlag

»Vom Himmel, der krank macht, und der Erde, die heilt« beschreibt die grundlegenden Dynamiken, die in Familien zu schweren Krankheiten führen, oder zu Unfällen und Selbstmord, und zeigt, was solche Schicksale manchmal noch wendet (ähnlich dem Vortrag »Ordnung und Krankheit«). Auch im Buch »Ordnungen der Liebe«.

»Leiden ist leichter als lösen« ist ein Radiointerview mit Gabriele ten Hövel. Der Text findet sich auch im Buch »Anerkennen, was ist«.

Re-Viewing Assumptions. Eine Debatte mit Anne Ancelin Schützenberger, Bert Hellinger und Rupert Sheldrake über Phänomene, die unsere Weltsicht in Frage stellen
   1 VHS-Cassette. 70 min. 2000. ISBN 3-89670-161-4. *Carl-Auer-Systeme Verlag in NTSC Format bei Zeig, Tucker & Theisen, Inc., (1935 East Aurelius Avenue. Phoenix, Arizona 85020-5543, USA*

Dieses Video dokumentiert den Aufbruch in neue, vielversprechende Felder des therapeutischen, philosophischen und spirituellen Dialogs.
(Englisch mit beiliegender schriftlicher Übersetzung ins Deutsche.)

Kurztherapien

Mitte und Maß. Kurztherapien 1999
   2. Auflage 2001. 262 Seiten. ISBN 3-89670-196-7. *Carl-Auer-Systeme Verlag*

Den in diesem Buch erstmals dokumentierten 63 Kurztherapien ist gemeinsam, dass sich die Lösungen unmittelbar aus dem Geschehen ergeben und daher jedesmal anders und einmalig sind. Dazwischen gibt Hellinger weiterführende Hinweise, zum Beispiel über die Trauer, die Toten, die Hintergründe von schwerer Krankheit oder von Selbstmord, und er beschreibt den Erkenntnisweg, der zur Vielfalt der hier dokumentierten Lösungen führt.

Man kann diese Kurztherapien lesen wie Kurzgeschichten, manchmal aufwühlend, manchmal erheiternd, manchmal voller Dramatik und dann wieder besinnlich und still.

Paartherapie

Liebe und Schicksal. Was Paare aneinander wachsen lässt 2003
   1. Auflage 2003. ca. 260 Seiten. ISBN 3-466-30620-5. *Kösel-Verlag*

Die Liebe eines Paares, die erst »nur« durch Sehnsucht, Hoffnung, Innigkeit und Lust entsteht, wird bald von etwas Höherem getragen: dem Schicksal. Dieses Schicksal, das durch die Verstrickung des einen oder beider Partner in Ereignisse aus der Herkunftsfamilie in die bestehende Partnerschaft hineinwirkt, kann durch das Familien-Stellen ans Licht gebracht werden. Bert Hellinger zeigt am Beispiel eines Kurses in Rom, wie diese Verstrickungen sichtbar, anerkannt und gelöst werden können.

Liebe auf den zweiten Blick. Lösungen für Paare 2002
   1. Auflage 2002. 256 Seiten. ISBN 3-451-27798-0. Herder Verlag
Liebe auf den ersten Blick ist etwas Wunderbares. Es braucht den »zweiten Blick«, damit die Liebe trägt. Dadurch entdecken sich Paare auf eine ganz neue, tiefere Weise. Sie können sich einordnen in die Geschichte ihrer jeweiligen Familie – und lernen damit auch den Partner auf neue Weise kennen und achten.

Wie Liebe gelingt. Die Paartherapie Bert Hellingers
Herausgegeben von Johannes Neuhauser 1999
   3. Auflage 2002. 348 Seiten. ISBN 3-89670-298-X. *Carl-Auer-Systeme Verlag*
Dieses Buch dokumentiert Bert Hellingers zwanzigjährige Erfahrung in der Arbeit mit Paaren. Die vielen Beispiele aus Hellingers Gruppen- bzw. Rundenarbeit und seinen Paar- bzw. Familienaufstellungen sind lebensnah und lösungsorientiert. Im Zentrum der ausführlichen Erläuterungen und der Gespräche mit Hellinger steht der Lebenszyklus in Paarbeziehungen: das erste Verliebtsein, die Bindung, gemeinsame Elternschaft oder Kinderlosigkeit, schmerzhafte Paarkrisen, das Scheitern der Beziehung und die klare Trennung, das gemeinsame Altwerden und der Tod. Der Herausgeber Johannes Neuhauser hat für dieses Buch seit 1995 Hunderte von Paartherapien Hellingers aufgezeichnet und ausgewertet.

Wie Liebe gelingt. Die Paartherapie Bert Hellingers
   5 VHS-Cassetten. 1999. 12 ½ Stunden. ISBN 3-89670-087-1. *Carl-Auer-Systeme Verlag*
Dieses Video dokumentiert Bert Hellingers Rundenarbeit und das Familien-Stellen mit 15 Paaren in einer Kleingruppe. Es zeigt zum ersten Mal, wie Bert Hellinger vor und nach dem Familien-Stellen mit den Paaren arbeitet, zum ersten Mal kann man ihm sozusagen über die Schulter schauen und die vielschichtigen Interventionen beobachten.

Wir gehen nach vorne. Ein Kurs für Paare in Krisen 2000
   2., korr. Auflage 2002. 273 Seiten. ISBN 3-89670-230-0. *Carl-Auer-Systeme Verlag*
Wenn Partner in ihrer Beziehung leiden, obwohl sie einander lieben, dann bleiben ihre Appelle an den gegenseitigen guten Willen und ihre Anstrengungen oft vergebens. Denn Krisen in Paarbeziehungen haben oft haben mit Verstrickungen in der Herkunftsfamilie zu tun. Dieses Buch zeigt, wie man die eigentlichen Hintergründe ans Licht bringt und wie überraschend leicht die Lösungen fallen, wenn sie bewusst sind.

Wir gehen nach vorne. Ein Kurs für Paare in Krisen
   Video Edition. 3 Videos. 8 1/4 Stunden. ISBN 3-89670-175-4. *Carl-Auer-Systeme Verlag*
(Das Video zum gleichnamigen Buch.)

Eltern und Lehrer

Wenn ihr wüsstet, wie ich euch liebe. Wie schwierigen Kindern durch Familien-Stellen und Festhalten geholfen werden kann.
Von Jirina Prekop und Bert Hellinger 1998
  3. Auflage 2002. 280 Seiten. ISBN 3-466-30470-9. *Kösel-Verlag*
Manche Kinder fordern ihre Umwelt in besonderem Maße heraus. Jirina Prekop und Bert Hellinger erkannten, dass die Gründe oftmals im verborgenen liegen und Ergebnis einer gestörten Ordnung des familiären Systems sind. Anhand von neun Fallgeschichten zeigen sie, wie Betroffene ihre Familien aufgestellt haben, um mögliche systemische Verstrickungen aufzudecken. Man nimmt daran teil, wie ihnen die Festhaltetherapie ermöglichte, das Erlebte emotional nachzuvollziehen. Eindrucksvoll erfährt der Leser, wie beide Methoden helfen, die Liebe zwischen Eltern und Kindern zu erneuern.

Kindliche Not und Kindliche Liebe. Familien-Stellen und systemische Lösungen in Schule und Familie
Von Sylvia Gomez Pedra (Hrsg.) unter Mitwirkung von Bert Hellinger 2000
  2., korr. u. überarb. Auflage 2002. 208 Seiten. ISBN 3-89670-280-7. *Carl-Auer-Systeme Verlag*
Gestörtes und auffälliges Verhalten von Kindern bringt Eltern und andere erwachsene Begleiter oft an den Rand ihrer Kräfte, löst Aggressionen und Unverständnis aus und endet nicht selten in einem Ausschluss des schwierigen Kindes aus dem normalen Umfeld. Dieses Buch bietet hier konkrete Hilfe an. Die Autoren bringen ihre vielfältigen Erfahrungen als Therapeuten, Lehrer und Eltern ein, um zusammen mit den Betroffenen hinter Verhaltensstörungen und Krankheiten bei Kindern zu schauen. Werden einmal jene Beweggründe erkannt, die Kinder tatsächlich in auffälliges Verhalten treiben, so lassen sich auch die Kraftquellen in der Familie erschließen, aus denen ihnen Ruhe und Sicherheit zukommt.

Adoption und Behinderte

Haltet mich, dass ich am Leben bleibe. Lösungen für Adoptierte 1998
  2. Auflage 2001. 216 Seiten. ISBN 3-89670-218-1. *Carl-Auer-Systeme Verlag*
Der hier dokumentierte Kurs für erwachsene Adoptierte zeigt, wie die Bindung des Kindes an seine leiblichen Eltern weiterwirkt. Es zeigt aber auch, wie diese Bindung auf eine Weise gelöst werden kann, die es dem Adoptivkind ermöglicht, sich seinen neuen Eltern zuzuwenden und von ihnen den Halt und die Liebe zu nehmen, die sie ihm schenken.

Haltet mich, daß ich am Leben bleibe. Lösungen für Adoptierte
  2 VHS-Cassetten. 1997. 7 Stunden. ISBN 3-89679-061-8. *Carl-Auer-Systeme Verlag*
(Das Video zum gleichnamigen Buch.)

In der Seele an die Liebe rühren. Familien-Stellen mit Eltern und Pflegeeltern von behinderten Kindern 1998
> 120 Seiten. ISBN 3-89670-093-6. Carl-Auer-Systeme Verlag

Eltern, die ein behindertes Kind haben, und Pflegeeltern, die ein solches Kind aufnehmen, werden vom Schicksal dieser Kinder auf eine besondere Weise in Dienst genommen. Wie ihre Liebe an diesem Schicksal und dieser Aufgabe wächst, wird uns in diesem Buch bewegend vor Augen geführt.

In der Seele an die Liebe rühren. Familien-Stellen mit Eltern und Pflegeeltern behinderter Kinder
> 1 VHS-Cassette. 1998. 2 ½ Stunden. ISBN 3-89670-064-2. Carl-Auer-Systeme Verlag

(Das Video zum gleichnamigen Buch.)

Was in Familien krank macht und heilt

Was in Familien krank macht und heilt. Ein Kurs für Betroffene 2000
> 2. Auflage 2001. 288 Seiten. ISBN 3-89670-123-1. Carl-Auer-Systeme Verlag

Dieses Buch führt die bereits veröffentlichten Dokumentationen über das Familien-Stellen mit Kranken in wesentlichen Punkten weiter. Es vermittelt vertiefte Einsichten in die familiengeschichtlichen Hintergründe von schwerer Krankheit und Selbstmordgefährdung und dokumentiert das Familien-Stellen in neuen Zusammen-hängen, wie Sucht, religiöser Verstrickung, Trauma und tragischen Schicksalsschlägen.

Wo Schicksal wirkt und Demut heilt. Ein Kurs für Kranke 1998
> 2., korr. Auflage 2001. 322 Seiten. ISBN 3-89670-195-9. Carl-Auer-Systeme Verlag

Dieses Buch dokumentiert das Familien-Stellen mit Kranken und die familiengeschichtlichen Hintergründe von schwerer Krankheit, von Unfällen und Selbstmord. Bert Hellinger erklärt ausführlich die einzelnen Schritte und vermittelt dadurch auch eine umfassende Einführung in das Familien-Stellen. Darüber hinaus enthält dieses Buch zahlreiche Beispiele von Kurztherapien.

Wo Schicksal wirkt und Demut heilt. Familien-Stellen mit Kranken
> 3 VHS-Cassetten. 1998. 9 ½ Stunden. ISBN 3-89670-060-X. Carl-Auer-Systeme Verlag

(Das Video zum gleichnamigen Buch.)

Schicksalsbindungen bei Krebs. Ein Kurs für Betroffene, ihre Angehörigen und Therapeuten 1997
> 3. Auflage 2001. 202 Seiten. ISBN 3-89670-008-1. Carl-Auer-Systeme Verlag

Dieses Buch dokumentiert am Beispiel von Krebs, wie Schicksalsbindungen in der Familie schwere Krankheiten mitbedingen und aufrechterhalten. Und es zeigt, wie die Liebe, die krank macht, sich löst in Liebe, die heilt.

Bert Hellinger arbeitet mit Krebskranken. Ein Kurs für Betroffene, ihre Angehörigen und Therapeuten
 2 VHS-Cassetten. 7 ½ Stunden. ISBN 3-89670-007-3
 (Das Video zum Buch: »Schickalsbindungen bei Krebs«.)

Die größere Kraft. Bewegungen der Seele bei Krebs
Herausgegeben von Michaela Kaden 2001
 1. Auflage 2001. 194 Seiten. ISBN 3-89670-181-9. *Carl-Auer-Systeme Verlag*
Dieses Buch dokumentiert einen Kurs für Krebskranke in Salzburg. Es führt die Einsichten über die familiengeschichtlichen Hintergründe bei Krebs weiter. Es achtet noch genauer auf die Bewegungen der Seele, die auf der einen Seite die Krankheit aufrechterhalten und auf der anderen Seite die Hinwendung zum Leben ermöglichen.

Liebe am Abgrund. Ein Kurs für Psychose-Patienten
Herausgegeben von Michaela Kaden 2001
 1. Auflage 2001. 230 Seiten. ISBN 3-89670-205-X. *Carl-Auer-Systeme Verlag*
Grundlage dieses Buches ist ein Kurs Bert Hellingers über die »Familiendynamik bei Psychosen«. Neu und in Ergänzung zum Familien-Stellen finden vor allem Aufstellungen mit der freien Bewegung der Stellvertreter Anwendung. Bert Hellinger nennt dieses Vorgehen »Arbeit mit den Bewegungen der Seele«. Besonderes Augenmerk liegt hier auf der schuldhaften Verstrickung von Vorfahren im Kontext des Dritten Reiches, aber auch im Rahmen persönlicher Schuld bei abgetriebenen oder verleugneten toten Kindern. Viele dieser Ereignisse gelten in der Familie als Geheimnis; in der Aufstellung kommen sie manchmal ans Licht. Dabei fließen vor allem die Erfahrungen Hellingers zur Dynamik zwischen Opfern und Tätern ein, die er während der beiden letzten Jahre sammeln konnte. Sie ermöglichen Lösungen, die auf dieser Ebene durch das Familien-Stellen alleine bisher noch nicht sichtbar werden konnten.

Liebe am Abgrund. Ein Kurs für Psychose-Patienten
 3 VHS-Cassetten. 2001. 10 Stunden. ISBN 3-809670-178-9. *Carl-Auer-Systeme Verlag*
(Das Video zum gleichnamigen Buch.)

Familienstellen mit Psychosekranken. Ein Kurs mit Bert Hellinger
Herausgegeben von Robert Langlotz 1998
 232 Seiten. ISBN 3-89670-101-0. *Carl-Auer-Systeme Verlag*
Dieses Buch dokumentiert Bert Hellingers therapeutische Arbeit – vor allem das Familien-Stellen – in einem Kurs mit 25 Psychosekranken. Robert Langlotz hat viele Patienten nachbefragt und die Ergebnisse kommentiert in diesen Band aufgenommen. Er fasst die Verstrickungen, Verwirrungen und Loyalitätskonflikte zusammen, die durch die Aufstellungen der Psychosekranken sichtbar werden. Dieser erste Erfahrungsbericht lässt neue Sichtweisen, psychotisches Verhalten zu

verstehen, aufleuchten und macht Mut, das Familien-Stellen als diagnostisches und therapeutisches Instrument in der stationären und ambulanten Psychotherapie anzuwenden.

Leiden ist leichter als lösen. Ein Praxiskurs mit Bert Hellinger. Familienaufstellungen mit Suchtkranken
Herausgegeben von Heribert Döring-Meijer 2000
   229 Seiten. ISBN 3-87387-444-X. *Junfermann Verlag*
Dieses Buch dokumentiert das Familien-Stellen mit Suchtkranken. Es zeigt, dass die Sucht in vielfältiger Weise mit Verstrickungen in die Geschichte und Schicksale der Herkunftsfamilie zusammenhängt. Abgesehen von jenen Fällen, in denen die Sucht auch als Sühne für persönliche Schuld gesehen werden muss, ist es meistens das Kind in den Süchtigen, das mit der Sucht etwas Gutes für andere erreichen will. Diese Einsicht ermöglicht es den Helfern, die Süchtigen zu achten und vor allem für das Kind in ihnen die Lösung zu suchen.

Ordnung und Krankheit. Vortrag und therapeutisches Werkstattgespräch 1994 (Video)
   130 min. ISBN 931574-74-1. *Carl-Auer-Systeme Verlag*
Der Vortrag »Ordnung und Krankheit« beschreibt, was in Familien zu schweren Krankheiten, Unfällen und Selbstmord führt und was solche Schicksale wendet. Im therapeutischen Werkstattgespräch erläutert Hellinger anhand von dreißig Fragen seine Psychotherapie und erzählt aus der Praxis seiner Arbeit. Die Fragen stellt Johannes Neuhauser.

Trauma

Wo Ohnmacht Frieden stiftet. Familien-Stellen mit Opfern von Trauma, Schicksal und Schuld 2000
   255 Seiten. ISBN 3-89670-111-8. *Carl-Auer-Systeme Verlag*
In diesem Buch wird an vielen Beispielen beschrieben, wie Opfern von Trauma, Schicksal und Schuld geholfen werden kann, sich ihrem Schicksal zu stellen und aus der Zustimmung zu ihren Grenzen ihre Würde zu wahren und Frieden zu finden. Dabei werden auch Vorgehensweisen dokumentiert, die über die bisherigen Methoden des Familien-Stellens hinausführen.

Wo Ohnmacht Frieden stiftet. Familien-Stellen mit Opfern von Trauma und Schicksal
   3 VHS-Cassetten. 2000. 6 ½ Stunden. ISBN 3-89670-082-0. *Carl-Auer-Systeme Verlag*
(Das Video zum gleichnamigen Buch)

Holocaust

Der Abschied. Nachkommen von Tätern und Opfern stellen ihre Familie
1998
    2. erweiterte Auflage 2001. 370 Seiten. ISBN 3-89670-202-5. *Carl-Auer-Systeme Verlag*
Wie Schuld und Schicksal von Tätern und Opfern des Nationalsozialismus auf deren Nachkommen wirken, dem ist Hellinger seit Jahren in seinen Kursen für Kranke begegnet. Mit den Kranken musste er sich den Tätern und Opfern in ihren Familien stellen und versuchen, im Einklang mit ihnen das Leid für ihre Nachkommen zu mildern und vielleicht zu beenden. Dieses Buch dokumentiert diese Versuche. Dabei kommen sowohl die Überlebenden und die Nachkommen zu Wort als auch die Schuldigen und die Toten. Wenn sie geachtet sind, ziehen sie sich still zurück, und die Lebenden ziehen frei über die Grenze, die sie von den Toten noch trennt.

Das Überleben überleben. Nachkommen von Überlebenden des Holocaust stellen ihre Familie
    VHS-Cassette (2 ¼ Stunden) 1998. ISBN 3-89670-074-X *Carl-Auer-Systeme Verlag*
Bert Hellinger begegnete in seiner psychotherapeutischen Arbeit mit Kranken oft den Folgen von Schicksal und Schuld im Leben der Nachkommen von Opfern aus der Zeit des Nationalsozialismus. Mit ihnen musste er sich den Tätern und Opfern stellen und versuchen, das Leid für ihre Nachkommen zu mildern und zu beenden. Dieses Video dokumentiert diese Versuche. Dabei kommen sowohl die Überlebenden zu Wort, als auch die Toten. Denn diese Begegnungen werden hier nicht nur erzählt, sondern sie werden durch das Familien-Stellen wie in einem Drama auch dargestellt.

Die Toten. Was Opfer und Täter versöhnt
    1 VHS-Cassette. 1999. 60 min. ISBN 3-89670-163-0. *Carl-Auer-Systeme Verlag*
Dieses Video dokumentiert die wohl bewegendste Aufstellung Bert Hellingers mit einem Überlebenden des Holocaust. Sie bringt auf erschütternde Weise ans Licht, dass die Opfer und ihre Mörder ihr Sterben erst vollenden, wenn sie beide einander als Tote begegnen. Und wenn sich beide im Zustand, der alle Unterschiede aufhebt, einem gemeinsamen übermächtigen Schicksal ausgeliefert erfahren, das jenseits aller menschlicher Unschuld und Schuld über sie verfügt und sie jetzt im Tod geläutert in Liebe eint und versöhnt.

Familien-Stellen in Israel.
    ca. 280 Seiten. erscheint Frühjahr 2003. *Carl-Auer-Systeme Verlag*
Dieses Buch dokumentiert einen dreitägigen Kurs in Tel Aviv. Dabei zeigt sich, wie sehr die Überlebenden und ihre Nachkommen noch in die Schicksale der Opfger des Holocaust verstrickt sind und welche Lösungen möglich sind, wenn die Toten angeschaut und geachtet werden. Dieses Buch ergänzt und erweitert das Buch »Der Abschied«.

Frieden und Versöhnung

Der Friede beginnt in den Seelen 2003
   1. Auflage 2003. 224 Seiten. *Carl-Auer-Systeme Verlag*
Dieses Buch dokumentiert an Beispielen aus den beiden letzten Jahren, was den Frieden in den Seelen vorbereitet.

Dabei geht es einmal um den Frieden zwischen Völkern: zum Beispiel den Griechen und den Deutschen im Zusammenhang mit dem Zweiten Weltkrieg, den Frieden zwischen den Armeniern und den Türken nach den Massakern der Türken an den Armeniern, um den Frieden zwischen Russland und Deutschland, zwischen Japan und den USA und zwischen Israel und seinen Nachbarn.

Es geht in diesem Buch aber auch um die Versöhnung zwischen den Religionen, zum Beispiel zwischen Christentum und Islam, um die Versöhnung zwischen den Eroberern und den Unterworfenen in Südamerika, die Versöhnung im Bürgerkrieg von Kolumbien und die Versöhnung zwischen Herren und Sklaven in Brasilien und den USA.

Bewegungen der Seele
   3 VHS-Cassetten. 2001. 9 ½ Stunden. *ISBN 3-89670-179-7. Carl-Auer-Systeme Verlag*
Die Arbeit mit den Bewegungen der Seele verlangt hohe, gesammelte Aufmerksamkeit, den Abschied von gewohnten Vorstellungen, den Verzicht auf Steuerung von außen, die Bereitschaft, sich von dem im Augenblick Sichtbaren leiten zu lassen und sich Unbekanntem anzuvertrauen. Das heißt, vom Therapeuten und von den Stellvertretern wird eine noch viel größere Zurückhaltung verlangt als beim Familien-Stellen.

Das Achten auf die Bewegungen der Seele und das Sich-Ihnen-Anvertrauen hat sich im Lauf der Zeit aus dem Familien-Stellen entwickelt. Das Familien-Stellen wurde durch sie verdichtet und vertieft. Beide, das Familien-Stellen und die Bewegungen der Seele, ergänzen und bedingen einander.

Bewegungen auf Frieden hin. Lösungsperspektiven durch das Familien-Stellen bei ethnischen Konflikten
Movements Towards Peace. Perspectives of Resolution to Ethnic Conflict using Family Constellations
Deutsch mit englischer Übersetzung
   2 VHS-Cassetten. 2001. 4 1/2 Stunden. ISBN PAL 3-89670-222-X.
   NTSC 3-89670-221-1, *Carl-Auer-Systeme Verlag*
Dieses Video dokumentiert den ersten Tag der Internationalen Arbeitstagung »Konfliktfelder – Wissende Felder« in Würzburg. Bert Hellinger, begleitet von Hunter Beaumont, demonstrierte vor 1600 Teilnehmern, wie die ungelösten Konflikte zwischen Völkern und Gruppen die Beziehungen in Familien beeinflussen. Zugleich wurde dabei deutlich, wie im engeren Bereich der Familie sich Bewegungen zeigen, die auch ein Licht auf die Beziehungen zwischen diesen Völkern und Gruppen werfen und welche Bewegungen der Seele dem Frieden und der Versöhnung zwischen Völkern und Gruppen dienen können.

This video documents the first day of the International Congress »Fields of Conflict-Fields of Wisdom« held in Würzburg, Germany, 2001. Bert Hellinger, accompanied by Hunter Beaumont, demonstrates to 1600 congress participants how unresolved conflicts between peoples and ethnic groups influence relationshsips in families. The work also reveals Movements of the Soul emerging in these families which may serve peace between peoples and ethnic groups when they are allowed to move to completion within the inner circle families.

Organisationen

Organisationsberatung und Organisationsaufstellungen. Werkstattgespräch über die Beratung von (Familien-)Unternehmen, Institutionen und Organisationen. 26 Fragen an Bert Hellinger
Interview: Johannes Neuhauser.
  1 VHS-Cassette. 1998. 35 min. ISBN 3-89670-077-4. *Carl-Auer-Systeme Verlag*

Fortbildungen

Der Austausch. Fortbildung für Familiensteller 2002
  2. Auflage 2003. 227 Seiten. ISBN 3-89670-394-3. *Carl-Auer-Systeme Verlag*
Dieses Buch dokumentiert Fortbildungsgruppen für Familiensteller aus der letzten Zeit. Dadurch kann sich der Leser ein Bild machen, welchen Weg das Familien-Stellen von seinen Anfängen bis heute zurückgelegt hat. Es ist der Weg über das Gewissen zur Seele. Auf diesem Weg hat sich das Familien-Stellen sowohl verdichtet als auch erweitert. Oft bringt es sogar ohne Interventionen von außen lang Verborgenes ans Licht und ermöglicht Lösungen, die vorher nicht vorstellbar waren.

Rilke

Rainer Maria Rilke: Duineser Elegien
Eingeführt und gelesen von Bert Hellinger
  Doppel-CD. 2000. 135 min. ISBN 3-89670-169-X. Carl-Auer-Systeme Verlag
Rilkes Duineser Elegien und seine Sonette an Orpheus haben Bert Hellinger lange begleitet. Hellinger führt die Hörer in diese Dichtungen ein und liest Rilkes Werke einfühlsam und gesammelt, so dass ihr Sinn sich der Seele erschließt.
Die Duineser Elegien sind Klagelieder, und zwar von jener seltsamen Art, die den Verlust, den sie beklagen, am Ende als Fortschritt und Vollendung erscheinen lassen. In den Duineser Elegien stellt sich Rilke den letzten Wirklichkeiten: dem Tod, der Verwandlung und dem Sinn – und fügt sich ihnen; doch so, dass er dennoch das uns verbleibende Hiesige feiert und preist.

Rainer Maria Rilke: Sonette an Orpheus
Eingeführt und gelesen von Bert Hellinger
Doppel-CD. 2000. 90 min. ISBN 3-89670-168-1. Carl-Auer-Systeme Verlag
Die Sonette an Orpheus atmen die gelöste Klarheit der Vollendung. Was Rilke in den Duineser Elegien erst nach langem inneren Ringen gelang, wird hier ohne Bedauern bejaht und gefeiert: das Ganze des Daseins, wie es sich wandelt im Entstehen wie im Vergehen und Lebende wie Tote gleichermaßen umfasst. Als Sinnbild für dieses Ganze dient Rilke die Figur Orpheus. In ihm verdichten sich beide Bereiche zu Musik und Gesang.

Der späte Rilke. Der Weg zu den Elegien und Sonetten
Von Dieter Bassermann. Mit einem Vorwort von Bert Hellinger 2000
268 Seiten. ISBN 3-89670-134-7. Carl-Auer-Systeme Verlag
Die großartigen Visionen in Rilkes Duineser Elegien und den Sonetten an Orpheus haben sich in der intensiven Begegnung mit menschlichen Schicksalen als wegweisend und hilfreich erwiesen. Vielen gewagten Schritten, die Hellinger beim Familien-Stellen geht, liegen Einsichten zugrunde, die sich ihm aus diesem Buch eröffneten. Sie lösten am Ende in den Beteiligten Erfahrungen aus, die weit über den unmittelbaren Anlass und die naheliegende Lösung hinauswiesen. Andererseits hat das Familien-Stellen viele der gewagten Aussagen Rilkes als gültige Erfahrungen und Einsichten bestätigt.

Zeitschrift

Praxis der Systemaufstellung. Beiträge zu Lösungen in Familien und Organisationen
Diese Zeitschrift erscheint zweimal im Jahr (Juni und Dezember), der Jahresbezugspreis beträgt für Deutschland Euro 24.40, für alle anderen europäischen Länder Euro 28.00 und für außereuropäsche Länder Euro 32.00.

Abonnement, Versand und Information:
Internationale Arbeitsgemeinschaft Systemische Lösungen nach Bert Hellinger e.V., c/o Germaniastraße 12, D-80802 München, Germany

Anschrift der Redaktion:
RAG, c/o W. De Philipp, Ainmiller Str. 37, 80801 München.

Books and other Media in English

In English these books are available:

Love's Hidden Symmetry. What Makes Love Work in Relationships
Bert Hellinger / Gunthard Weber / Hunter Beaumont 1998
   352 pages. ISBN 1-891944-00-2
   Carl-Auer-Systeme Verlag and Zeig, Tucker & Theisen, Inc.
Bert Hellinger, Gunthard Weber and Hunter Beaumont have collaborated to present a beautiful collage of poetry, healing stories, transcripts of psychotherapeutic work and moving explanations of the hidden dynamics and symmetry love follows in intimate relationships. Original and provocative enough to change how you think about familiar themes.

Love's Own Truths. Bonding and Balancing in Close Relationships
   464 pages. ISBN 1-891944-48-7
   Zeig, Tucker & Theisen, Inc., also available through Carl-Auer-Systeme Verlag
Love's Own Truths represents another important milestone in the search toward an even greater understanding of the intricacies of relationship and resolution. Bert Hellinger describes »Love's Own Truths« as a fundamental statement of his approach.

Touching Love. Bert Hellinger at Work with Family Systems. Documentation of a Three-Day-Course for Psychotherapists and their Clients 1997
   186 pages. ISBN 3-89670-022-7. Carl-Auer-Systeme Verlag
Bert Hellinger demonstrates the Hidden Symmetry of Love operating unseen in the lives of persons suffering with serious illness and difficult life circumstances. This book is a full documentation of a workshop for professionals held near London in February, 1996.

Touching Love (Volume 2). A Teaching Seminar with Bert Hellinger and Hunter Baumont 1999
   256 pages. ISBN 3-89670-122-3
   Carl-Auer-Systeme Verlag and Zeig, Tucker & Theisen, Inc.
This book contains the written documentation of a three-day-course for psychotherapists and their clients. It offers mental health professionals and interested non-professional readers a look in slow-motion at Bert Hellinger and Hunter Beaumont at work.

Acknowledging What Is. Conversations with Bert Hellinger 1999
   162 pages. ISBN 1-891944-32-0. Zeig, Tucker & Theisen, Inc.
Deepen your understanding of Hellinger's transformative ideas on the »Natural Orders of Love« with his latest work – a moving dialog between the tough-minded journalist and the »Caretaker of the Soul«.

Supporting Love. How Love Works in Couple Relationships. Bert Hellinger's Work with Couples 2001
Edited by Johannes Neuhauser
  280 *pages.* ISBN 1-891944-49-5. *Zeig, Tucker & Theisen, Inc.*
In this expertly edited book, Johannes Neushauser brings an artist's eye to Bert Hellinger's unique approach, and shows that beneath the surface of his often-startling work there is a gentle tenderness that calls – softly und steadily – to the truths that lay resting in our hearts. It is refreshing in this era of psychotherapeutic relativism to come across the work of a therapist who takes a quiet and clear-sighted stand for the centrality of love in human life. The power of the work that has emerged from Hellinger's unwavering focus on the flow of love in relaltionships is remarkable; it will touch any who come into contact with it – professional and lay reader alike. (Arthur Robert, MA, Editor and Co-Director, The GestaltPress)

Insights. Lectures and Stories 2002
  138 *pages.* ISBN 3-89670-281-5. *Carl-Auer-Systeme Verlag*
This is a first collection of Bert Hellinger's lectures and stories now translated into English. In this book he allows us to confront without fear the deep issues of guilt and conscience and brings to light the hidden orders through which love within and 'between people and groups succeeds.
These stories attempt to lead us to a peaceful centre – a place where we can be collected and calm, in touch with our deepest love and longing, in tune with the world, and from which our relationships can be fulfilled and our lives healed.
This is a book of wisdom: exciting, moving and profound.
The English edition of »Die Mitte fühlt sich leicht an«.

Farewell. Family Constellations with Descendants of Victims and Perpetrators 2003
  253 *pages.* ISBN 3-89670-395-1.. *Carl-Auer-Systeme Verlag*
Documentation of a series of workshops in which attendees were suffering the consequences of the chasm between victim an perpetrator born of continuing denial, neglect, and blindness. As the stories unfold through family constellations, the path to solution does as well. Translated by Collen Beaumont.
The English edition of »Der Abschied«.

To the Heart of the Matter. Brief Therapies 2003
  252 *pages.* ISBN 3-89670-396-X. *Carl-Auer-Systeme Verlag*
Bert Hellingers's particular brand of brief therapy can be very brief indeed. Perhaps truth needn't be long-winded, just seen. Translated by Collen Beaumont.
The English edition of »Mitte und Maß«.

The following videos documenting Bert Hellinger's work are available in English as single editions:

Holding Love. A Teaching Seminar on Love's Hidden Symmetry
   3 Volumes. Length 7 hours.
   in PAL (European) format: Carl-Auer-Systeme Verlag ISBN 3-89670-173-8
   in NTSC (American) format: Zeig, Tucker & Theisen, Inc., ISBN 1-891944-75-4
   (1935 East Aurelius Avenue. Phoenix, AZ 85020-5543, Fax ++1 602 944-8118)
The professional Reference Series documents Bert Hellingers resolution-oriented approach to working with intimate relationship systems. The series is intended primarily for practitioners who wish to learn this approach. Holding Love was recorded in San Francisco (1999). The participants are mental health professionals and their clients, and the work covers a wide range of issues.

Healing Love. A Teaching Seminar on Love's Hidden Symmetry
   3 Volumes. Length 7 hours.
   in PAL format from Carl-Auer-Systeme Verlag, ISBN 3-89670-174-6
   in NTSC format from Zeig, Tucker & Theisen, Inc.
Healing Love was recorded in Washington (1999). Like Holding Love it is intended primarily for practitioners who wish to learn this approachThe participants are mental health professionals and their clients, and the work covers a wide range of issues

The following six English-language videos documenting Bert Hellinger's work are available in the series Love's Hidden Symmetry (Volume 1 to 6):
   in PAL from Carl-Auer-Systeme Verlag
   in NTSC from Zeig, Tucker & Theisen, Inc.

Adoption (Volume 1)
   1 VHS-Cassette. 90 minutes. ISBN 3-89670-072-3; NTSC ISBN 1-891944-01-0
Hellinger demonstrates how »love's hidden symmetry« can guide families in distress. In this case, workshop participants who are dealing with problems related to adoption discover ways to support hopeful alternatives in their lives.

Honoring the Dead and Facing Death (Volume 2)
   1 VHS-Cassette. 80 minutes. ISBN 3-89670-154-1; NTSC ISBN 1-891944-27-4
Three different family constellations are presented to reveal the depth and power of this approach as family members struggle to deal with the difficult issues of death and dying.

Blind Love – Enlightened Love (Volume 3)

    1 *VHS-Cassette*. 75 minutes. ISBN 3-89670-155-X; NTSC ISBN 1-891944-28-2
This presentation shows how children's blind love for their parents perpetuates family dysfunction. In three family constellations Hellinger demonstrates how this love can be transformed into the enlightened love that supports well-being.

Grieving for Children (Volume 4)

    1 *VHS-Cassette*. 70 minutes. ISBN 3-89670-156-8; NTSC ISBN 1-891944-29-0
In this powerful video, four different family systems move toward resolution in the wake of the loss of a child.

Trans-Generational Systemic Effects (Volume 5)

    1 *VHS-Cassette*. 70 minutes. ISBN 3-89670-157-6; NTSC ISBN 1-891944-30-4
Hellinger guides participants toward restoration of the flow of love that nurtures growth when entanglements across generations have disrupted it.

Hidden Family Dynamics (Volume 6)

    1 *VHS-Cassette*. 70 minutes. ISBN 3-89670-158-4; NTSC ISBN 1-891944-31-2
Four family constellations show the harmful identifications that children sometimes have with parents and grandparents. Hellinger works with participants to acknowledge hidden dynamics and to discover healthy ways to recover compassion and love.

Books and other Media in more Languages

Les liens qui libèrent. La thérapie familiale systémique selon Bert Hellinger
Gunthard Weber (ed.) 1999

    Edition Jacques Grancher, Paris. ISBN 2-7339-0607-0
The french edition of »Zweierlei Glück«.

Constellations familiales: comprendre les mécanismes des pathologies familiales
Bert Hellinger / Gabriele ten Hövel

    Le Souffle d'Or, BP 3, 05300 Barret sur Méouge. ISBN 2-84059-198-1
The french edition of »Anerkennen, was ist«.

La maturité dans les rélations humaines
Bert Hellinger

    Le Souffle d'Or, BP 3, 05300 Barret sur Méouge. ISBN 2-84059-206-6
The french edition of »Die Mitte fühlt sich leicht an«.

Constellations familiales: guérir le transgénérationnel
Constanze Potschka-Lang
   Le Souffle d'Or, BP 3, 05300 Barret sur Méouge. ISBN 2-84059-199-X

Riconoscere ciò che è. La forza rivelatrice delle costellazioni familiari
   Urra Apogeo, Milano. ISBN 88-7303-725-9
The italian edition of »Anerkennen, was ist«.
Urra Apogeo, V. le Paputiano 36, I-20123 Milano

Senza radici non si vola. La terapia sistemica di Bert Hellinger
Bertold Ulsamer
   Edizioni Crisalide. ISBN 88-7183-110-1
The italian edition of »Ohne Wurzeln keine Flügel«.

Felicidad Dual. Bert Hellinger y su psicoterapia sistémica
Gunthard Weber (ed.) 1999
   Empresa Editorial Herder, S.A. ISBN 84-254-2108-X
The spanish edition of »Zweierlei Glück«.

Recononocer lo que es. Conversaciones sobre implicaciones y desenlaces logrados
Bert Hellinger / Gabriele ten Hövel 2000
   Empresa Editorial Herder, S.A. ISBN 84-254-2138-1
The spanish edition of »Anerkennen, was ist«.

Lograr el Amor en la Pareja. El trabajo terapéutico de Bert Hellinger con parejas
Johannes Neuhauser (ed.) 2001
   Empresa Editorial Herder, S.A. ISBN 84-254-2170-5
The spanish edition of »Wie Liebe gelingt«.

Ordenes del amor
Bert Hellinger
   Empresa Editorial Herder, S.A.
The spanish edition of »Ordnungen der Liebe«.

A Simetria Oculta do Amor. Por que o amor faz os relacionamentos darem certo
Bert Hellinger / Gunthard Weber / Hunter Beaumont 1999
   Editoria Cultrix Sao Paolo. Editoria Cultrix Sao Paolo. ISBN 85-316-0603-9
The portuguese edition of »Love's Hidden Symmetry«.

Constelacoes Familiares. O reconhecimento das Ordens do Amor. Conversas sobre Emaranhamentos e Solucoes
Bert Hellinger / Gabriele ten Hövel 2001
   Editoria Cultrix Sao Paolo. ISBN 85-316-0673-X
   The portuguese edition of »Anerkennen, was ist«.

Love's Hidden Symmetry in greek language
In greek language a translation of »Love's Hidden Symmetry« is available from:
Dimitris Stavropoulos, Georgoula 14, GR-11524 Athen
Tel: 0030-1-6925424, Fax: 0030-1-6998536, Email: dstav@tee.gr

De verborgen dynamiek van familiebanden.
Bert Hellinger / Gunthard Weber / Hunter Beaumont 2001
   Altamira-Becht-Haarlem. ISBN 90-6963-475-9 /NUGI 713
   The dutch edition of »Love's Hidden Symmetry«.

De verborgen dynamiek van familiebanden.
Bert Hellinger / Gunthard Weber / Hunter Beaumont 2001
   Altamira-Becht-Haarlem. ISBN 90-6963-475-9 /NUGI 713

Familjen – boja eller kraft? Samtal om insnärjdhet och befrielse
Bert Hellinger / Gabriele ten Hövel
   Wahlström & Widstrand. ISBN 91-46-18117-2
   The swedish edition of »Anerkennen, was ist«.

Books in Russian language
In Russia, translations of »Zweierlei Glück« and »Ordnungen der Liebe« are available from: Michail Burnjashev, The Institute of Psychotherapy, Tajegnaya 1, Moscow 129336, Russia
E-mail: dkgelena@cityline.ru

Love's Hidden Symmetry in chinese language
In Taiwan a chinese translation of »Love's Hidden Symmetry« is availabe from:
Chou Ting-Wen (Netra), 3F 48-1 Lane 212 Hulin Street, Taipei, Taiwan
Email: netra@tpts5.seed.net.tw

Bert Hellinger Videoverlag – Neue Videos

Frieden

Wie Versöhnung gelingt. Athen 2002.
   1 Video, Deutsch/Griechisch. Länge: 1,40 Stunden.

Nach einem Vortrag von Bert Hellinger über »Wege zur Versöhnung« im Athener Goethe Institut, erzählte eine Griechin, wie deutsche Soldaten gegen Ende des Zweiten Weltkrieges ihren Heimatort umstellten. Alle Männer und die Jungen über 14 Jahren wurden von ihren Familien getrennt. Die Frauen und Kinder wurden in eine Schule gesperrt, die später in Brand gesetzt wurde. Alle Männer wurden umgebracht, darunter auch der Vater und der Bruder dieser Frau. Die Frauen und Kinder wurden gerettet, weil ein Soldat von außen die Tür aufbrach. Dieser Soldat aber wurde umgebracht.

Die Frau erzählte auch, dass vorher die örtlichen Partisanen eine deutsche Patrouille überfallen hatten. Sie töteten mehrere Soldaten. Andere nahmen sie gefangen, die dann durch den Ort geführt und misshandelt wurden.

Wie vor diesem Hintergrund Versöhnung gelingt, zeigt die Aufstellung, die dieses Video dokumentiert.

Der Friede. Was die Entzweiten wieder vereint. Kinder und Eltern – Armenier und Türken – Christen und Moslems. Istanbul 2002.
   1 Video. Deutsch/Türkisch. Länge 2,40 Stunden.

Dieser erste Kurs von Bert Hellinger in der Türkei ist eine Einführung in das Familien-Stellen. Doch berücksichtigt er zugleich auch die neueste Entwicklung, die sich zunehmend auf den Einklang mit der Seele der Teilnehmer verlässt. Dieses Video ist das zweite Video der Dokumentation des gesamten Kurses. (siehe unten unter »Einführung in das Familien-Stellen«)

Ordnungen des Helfens

Arbeitstagung für soziale und pädagogische Berufe. Mainz 2002.
   3 Videos, auch einzeln erhältlich.
   Video 1: Helfen im Einklang. Länge: 2,40 Stunden
   Video 2: Kurzsupervisionen. Länge: 2,35 Stunden
   Video 3: Das andere Familien-Stellen. Länge: 2,15 Stunden

Diese Arbeitstagung hat dazu beigetragen, Helfern in sozialen und pädagogischen Berufen einen ebenbürtigen Platz innerhalb der Bewegung des Familien-Stellens zu sichern. Sozialarbeitern, Familienhelfern, Erziehern, um nur einige zu nennen, und Institutionen, die das Familien-Stellen in die tägliche Arbeit einbeziehen, hat diese Tagung ermöglicht, sich auszutauschen, sich zusammenzuschließen und in einem Netzwerk »Familienaufstellung in sozialen Diensten« eigenständig zu organisieren.

Die Seele schenkt. Schulung für Familien-Steller. Köln 2002.
  2 *Videos, nur als Paket erhältlich. Gesamtlänge: 4,50 Stunden.*
Hellinger am Ende dieses Kurses: Das war eine reiche Erfahrung auch für mich. Wenn ich dazu beigetragen habe, euch etwas von meinen Einsichten zu vermitteln und wenn ich für euch erfahrbar machen konnte, welche Wirkung es hat, wenn man in Achtung vor dem eigenen Schicksal und dem Schicksal der Klienten sich zurücknimmt und sich dem Wirken seines Schicksals überlässt, dann ist der schwere Beruf des Helfers um vieles leichter. Rilke hat gesagt: »Selbst wenn sich der Bauer sorgt und handelt, wo die Saat in Sommer sich verwandelt, reicht er niemals hin. Die Erde schenkt.« Wir können das abwandeln für unsere Arbeit und sagen: »Die Seele schenkt.«

Schulung für Familien-Steller. Palma de Mallorca 2002.
  1 *Video, Deutsch/Spanisch. Länge 2,30 Stunden.*
Bei dieser Schulung stellten die Teilnehmer aus ihrer Praxis Fälle vor, bei denen sie Schwierigkeiten hatten. Unter der Anleitung von Bert Hellinger wurden mögliche Lösungen gesucht. Dabei schulten die Teilnehmer ihre Wahrnehmung und lernten, wie man mit wenigen Schritten das Wesentliche ans Licht bringt.

Psychose-Patienten

Die Versöhnung des Getrennten. Kurs für Psychose-Patienten. Mallorca 2002.
  5 *Videos, nur als Paket erhältlich. Deutsch/Spanisch. Gesamtlänge 8 Stunden.*
Diese Videos sind ein weiterer Meilenstein in der Arbeit mit Psychose-Patienten. Bert Hellinger verlässt sich dabei weitgehend auf die Bewegungen der Seele und was durch sie ans Licht kommt. Daher ist diese Arbeit von besonderer Dichte und führt über das bisherige Familien-Stellen weit hinaus.

Einführung in das Familien-Stellen und in die Bewegungen der Seele

Familien-Stellen in Istanbul. September 2002.
  3 *Videos. Deutsch/Türkisch. Diese Videos sind auch einzeln erhältlich.*
  Video 1: Familien-Stellen und Seele. Länge 2,35 Stunden.
  Video 2: Der Friede. Was die Entzweiten wieder vereint. Kinder und Eltern –
    Armenier und Türken – Christen und Moslems. Länge 2,40 Stunden.
  Video 3: Heilung von innen. Länge 3,16 Stunden.
Dieser erste Kurs von Bert Hellinger in der Türkei ist eine Einführung in das Familien-Stellen. Doch berücksichtigt er zugleich auch die neueste Entwicklung, die sich zunehmend auf den Einklang mit der Seele der Teilnehmer verlässt.

Dimensionen der Liebe. Neuchatel 2002

5 Videos, nur als Paket erhältlich. Deutsch/Französisch. Gesamtlänge 11 Stunden.

Liebe, die gelingt, ist menschlich, nah am Gewöhnlichen. Diese Liebe beginnt mit der Beziehung zwischen Mann und Frau, setzt sich fort in der Liebe der Eltern zu ihren Kindern, wird von den Kindern beantwortet und fließt dann über in andere Bereiche. Sie öffnet sich für immer größere und weitere Bereiche und wird zum versöhnenden Band auch zwischen dem, was sich lange entgegenstand, bis wir am Ende anerkennen, dass alle anderen uns vor etwas Größerem gleichen. Diese Videos sind eine Einführung in das Familien-Stellen. Daher werden die einzelnen Schritte ausführlich erklärt.

Neue Videos von Bert Hellinger in Englisch

Awakening Love in the Soul. Tel Aviv, Israel, 2002.

5 Volumes, total run time 10.50 hours.

Bert Hellinger's third workshop in Israel moved beyond the territory of family constellations deep into the realm of the soul. These videotapes show the latest evolution of Hellinger's work as the soul unfolds before our eyes when allowed enough time and space.

Bert Hellinger explains in detail how the soul's story is released through this method, bringing to light the truths that have been hidden or buried in the past. These videotapes will prove useful to individuals seeking solutions in their own life as well as for those who want to use the paradigm in their work with others.

Love at Second Sight. Workshop on Couples' Relationships. Washington D.C. 2002.

3 Volumes, total run time 6.50 hours.

»Soul Work« refers both to work on one's own soul and within the greater soul. Out of such work emerges surprising ways of reconciling what has been opposed or excluded or rejected in the past. When the work is done with couples, the path to reconciliation may take partners into unfamiliar territory, where analysis or interpretation only serves to diminish the capacity to find peace, where the soul guides the journey.

Evolving from the constellation work, Soul Work reaches a much deeper level with very little intervention from the outside. It unfolds naturally, allowing clients and representatives to become centered and to trust in what almost irresistibly wants to come to light.

A hallmark of he work is that it protects the participants from external interference, often achieving its goal without any words. Thus it transcends psychotherapy in the traditional sense and fosters personal growth in an unobtrusive and comprehensive way.

Learning Circle in Washington D.C. 2002
    2 Volumes, total run time 3.12 hours.
This is a teaching seminar on soul work and part of a series published mainly in the USA.

Alle oben genannten neuen Videos sind erhältlich bei:
Video Verlag Bert Hellinger, Postfach 2166, D-83462 Berchtesgaden

Der Video Verlag Bert Hellinger bietet die neuesten Videos von Bert Hellinger in hervorragender Bild- und Tonqualität an. Diese Videos kosten per Band 25,– Euro einschließlich der gesetzlichen MwSt. Hinzu kommen die Versandkosten von 7,– Euro per Sendung nach Deutschland und Österreich und von 10,– Euro per Sendung in andere europäische Länder.

Das Video »Dimensionen der Liebe« wird auch vertrieben vor allem für Interessenten aus dem französischen Sprachraum von:
Bernard Munsch, Eggwaldstr. 17, CH-3076 Worb.
Tel. und Fax 0041-31-8394528

Das Video »Familien-Stellen in Istanbul« wird in der Türkei vertrieben von:
Ultima Psikoterapi & Bert Hellinger Institut-Istanbul
Dr. Mehmet Zarasizoglu, Bagdat Caddesi No. 477/1, Birlik apt. K.2 D.3, 81070 Suaydiye-Istanbul, E-mail: mzararsizoglu@superonline.com

Albrecht Mahr (Hrsg.)
Konfliktfelder – Wissende Felder
Systemaufstellungen in der Friedens- und Versöhnungsarbeit

Ursula Franke
Wenn ich die Augen schließe, kann ich dich sehen
Familien-Stellen in der Einzeltherapie und -beratung
Ein Handbuch für die Praxis

296 Seiten, Kt, 2003
ISBN 3-89670-409-5

176 Seiten, Kt, 2., korr. Aufl., 2003
ISBN 3-89670-420-6

Dieses Buch macht mit neuen Möglichkeiten für friedliche Konfliktlösungen vertraut – vom politischen bis hinein in den privaten Bereich. Zum ersten Mal werden hier Systemaufstellungen für die Friedens- und Versöhnungsarbeit nutzbar gemacht und mit anderen wichtigen und innovativen Konfliktlösungsansätzen verbunden.

Die Beiträge in diesem Band erweitern den Rahmen von Aufstellungen in Richtung des sozialen und politischen Bereichs und eröffnen neue Felder für die therapeutische Anwendung der Aufstellungsarbeit.

Ursula Franke vermittelt in lebendiger, detailreicher Beschreibung eine klare und umfassende Anleitung, wie systemische Familienaufstellungen auch in der Einzeltherapie oder -beratung erfolgreich eingesetzt werden können.

Dieses gut strukturierte und verständliche Buch vermittelt Therapeuten, Beratern, Klienten und therapeutisch Interessierten einen exzellenten Überblick sowie vielfältige Anregungen zu lösungsorientierten Vorgehensweisen in der therapeutischen Einzelarbeit.

„Ein schönes und hilfreiches Buch, auf das viele mit mir schon lange gewartet haben."
Bert Hellinger

Carl-Auer-Systeme Verlag

Guni Leila Baxa/
Christine Essen/
Astrid Habiba Kreszmeier
Verkörperungen
Systemische Aufstellung,
Körperarbeit und Ritual

Wilfried Nelles
Liebe, die löst
Einsichten aus dem
Familien-Stellen

277 Seiten, Kt, 2002
ISBN 3-89670-239-4

174 Seiten, Gb/SU, 2002
ISBN 3-89670-286-6

Dieses Buch verbindet die psychotherapeutische Methode der systemischen Aufstellung mit Konzepten der Körperarbeit sowie der rituellen Heilung in außereuropäischen Kulturen.
　Die einzelnen Beiträge stehen vor unterschiedlichem Hintergrund: Körperarbeit, Zen-Buddhismus, Wissenschaftstheorie, Aufstellungsarbeit oder afrikanische Kultur. Allen gemeinsam ist die ressourcen- und lösungsorientierte Haltung. Dabei kommen sowohl konstruktivistische als auch phänomenologische Herangehensweisen zum Tragen.

Das Familien-Stellen nach Hellinger gilt vielen als Weg der Rückbindung an alte Werte. Im Gegensatz dazu demonstriert Wilfried Nelles hier, dass diese Methode ganz im Dienst des Wandels steht: Sie zeigt Wege auf, wie man alte Bindungen ohne Verstrickung hinter sich lassen und so zu persönlicher Freiheit und sozialer und kultureller Verständigung kommen kann.
　In lebendiger Sprache und anhand vieler Beispiele liefert Wilfried Nelles mit diesem Buch zugleich eine in sich geschlossene, lebendige Einführung in das Familien-Stellen und gibt wichtige Anregungen für die fachliche Diskussion.

www.carl-auer.de

Gunthard Weber (Hrsg.)	K. Grochowiak/J. Castella
Praxis der Organisationsaufstellungen	**Systemdynamische Organisationsberatung**
Grundlagen, Prinzipien, Anwendungsbereiche	Ein Handlungsleitfaden für Unternehmensberater und Trainer

339 Seiten, Kt, 2., korr. Aufl., 2002 ISBN 3-89670-229-7	259 Seiten, Kt, A 4-Format 2., korr. u. überarb. Aufl., 2002 ISBN 3-89670-232-7

Dieses Buch befasst sich mit der Übertragung der Aufstellungsarbeit Bert Hellingers auf Organisationen. Ähnlich wie beim Familien-Stellen repräsentieren die Stellvertreter in den Aufstellungen von Organisationssystemen erstaunlich realitätsnah Beziehungskonflikte, Kontextvermischungen, die inadäquate Ausführung von Führungs- und Leitungsaufgaben u. v. m. Mit Hilfe dieser Methode lassen sich nicht nur in kurzer Zeit relevante Informationen gewinnen, sondern es können auch wichtige Lösungsanstöße gegeben werden. Das Buch macht aber auch deutlich, dass Organisationen anderen Prinzipien und „Ordnungen" als Familien unterworfen sind und andersartige Lösungen benötigen, und es zeigt die Grenzen dieser Methode auf.

Die Autoren übertragen die systemisch-phänomenologische Methode Bert Hellingers aus dem Kontext der Familientherapie auf Bereiche der Unternehmens- und Organisationsberatung.

Die systemdynamische Organisationsberatung wird dabei erstmals in Theorie und Praxis vorgeführt anhand
- grundlegender konzeptioneller Überlegungen
- sich daraus ergebender Interventionstechniken
- eines auf die Praxis zugeschnittenen methodischen Handapparats für die selbständige Anwendung.

„Sehr zu empfehlen für diejenigen, die gerne Organisationen ‚stellen' oder dies planen."
Training aktuell

Carl-Auer-Systeme Verlag

Franz Ruppert
Berufliche Beziehungswelten
Das Aufstellen von Arbeitsbeziehungen in Theorie und Praxis

Insa Sparrer
Wunder, Lösung und System
Lösungsfokussierte Systemische Strukturaufstellungen für Therapie und Organisationsberatung

255 Seiten, Kt, 2001
ISBN 3-89670-191-6

455 Seiten, Kt
2. korr. u. überarb. Aufl., 2002
ISBN 3-89670-287-4

Die Konflikte und Probleme im Arbeits- und Berufsleben sind zahlreich, und häufig berühren sie zwischenmenschliche Beziehungen. Die räumliche Aufstellung von Arbeitsbeziehungen macht selbst komplexe Ausgangssituationen überschaubarer und lässt sie uns besser verstehen. Die Suche nach guten Konfliktlösungen wird durch Aufstellungen in hohem Maße unterstützt.

Der Autor zeigt an über 30 Fallbeispielen, in welchem Rahmen und für welche Anliegen die Methode der Personenaufstellung eingesetzt wird. Supervision und Beratung in Gruppenarbeit gehören ebenso dazu wie Einzeltherapie, Coaching und Hochschulseminare.

Die Strukturaufstellungen, wie sie Insa Sparrer gemeinsam mit Matthias Varga von Kibéd entwickelt hat, werden hier mit dem lösungsfokussierten Ansatz von Steve de Shazer kombiniert. Auf diese Weise entsteht eine neue Form der Aufstellungsarbeit, die Lösungsfokussierten Systemischen Strukturaufstellungen.

„*Es ist das unbestrittene Verdienst der Autorin, die Möglichkeiten einer Verknüpfung der Systemischen Strukturaufstellungen mit den eigenen Arbeitsweisen und Interventionsgewohnheiten als Therapeut, Supervisor oder Organisationsberater kompetent vorexerziert zu haben.*"
OrganisationsEntwicklung

www.carl-auer.de

Matthias Varga von Kibéd/
Insa Sparrer
Ganz im Gegenteil
Tetralemmaarbeit und andere Grundformen Systemischer Strukturaufstellungen

Gunthard Weber (Hrsg.)
Derselbe Wind lässt viele Drachen steigen
Systemische Lösungen im Einklang

242 Seiten, Kt
3. überarb. u. korr. Aufl., 2002
ISBN 3-89670-235-1

432 Seiten, Kt, 2001
ISBN 3-89670-124-X

Diese Schule des Querdenkens befähigt die Leser, Fragen, Probleme und Entscheidungssituationen völlig neu und auf gute Lösungen hin zu strukturieren. Nach einer humorvollen Präsentation der selbstgebauten Hindernisse in scheinbar kreativen Denk- und Lösungsmustern stellen die Autoren ausführlich ihre Tetralemma-Arbeit vor, das Querdenker-Training par excellence. Darüber hinaus entwickeln sie neue, tief greifende Anwendungsmöglichkeiten für die Arbeit mit systemischen Strukturaufstellungen und stellen deren Umsetzung ausführlich dar.

„... ein Interventionsrepertoire, das mit zu den wichtigsten professionellen Erfindungen zählt, die wir in den letzten Jahren auf dem therapeutisch-beraterischen Feld beobachten können." *Organisationsentwicklung*

Dieser Band enthält alle wichtigen Beiträge der 2. Arbeitstagung Systemische Lösungen nach Bert Hellinger im April 1999 in Wiesloch.

Aus dem Inhalt:
- Aufstellungen als Rituale
- Der Umgang mit dem Tod und den Toten (Ahnen)
- Die Beziehungen zwischen dem konstruktivistischen und dem phänomenologischen Ansatz in der systemischen Therapie
- Die Anwendung der Aufstellungsarbeit in unterschiedlichsten Bereichen (in der Arbeit mit Strafgefangenen, mit Krebskranken, bei Suchtverhalten, bei juristischen Prozessen, in Schulen etc.)

 Carl-Auer-Systeme Verlag

Marianne Franke-Gricksch
„Du gehörst zu uns"
Systemische Einblicke und Lösungen für Lehrer, Schüler und Eltern

Jakob Robert Schneider/ Brigitte Gross
Ach wie gut, dass ich es weiß
Märchen und andere Geschichten in der systemisch-phänomenologischen Therapie

176 Seiten, Kt
2., überarb. Aufl., 2002
ISBN 3-89670-397-8

144 Seiten, Kt, 2. Aufl., 2001
ISBN 3-89670-220-3

In diesem faszinierenden Erfahrungsbericht beschreibt die Autorin, wie auf der Basis ihrer systemischen Arbeit im Sinne von Bert Hellinger in der Klasse und mit den Eltern eine neue, vertrauensvolle Atmosphäre entstand, die kreatives Arbeiten und effektives Lernen möglich machte. Diese Erfahrung sensibilisierte die Kinder und machte den Weg frei für weitere Denkansätze aus verschiedenen systemischen Richtungen.

„Dies ist ein besonderes Buch, reich an Erfahrung, nah am Alltag, voller eindrucksvoller Beispiele, die Hoffnung machen und zur Nachahmung anregen. Zugleich ist es eine klare und praktische Anleitung für Eltern und Lehrer, auch schwierige oder sogar aussichtslos erscheinende Situationen zum Guten zu wenden."
Bert Hellinger

Jeder von uns weiß bekannte Märchen, Filme, Romane oder andere literarische Geschichten zu erzählen, die von persönlicher Bedeutung für ihn sind. Brigitte Gross und Jakob Schneider zeigen in ihrem Buch, dass solche Geschichten häufig wesentliche Ereignisse und Schicksale in der eigenen Familie widerspiegeln. Umgekehrt lassen sich mit Hilfe von Geschichten in der psychotherapeutischen Arbeit Wege zur Lösung seelischer Probleme finden.

Gross und Schneider beschreiben die Vorgehensweise der Geschichten-Arbeit und zeigen, wie man persönlich bedeutsame Geschichten erfragt, findet und erkennt.

www.carl-auer.de

Daan van Kampenhout
Die Heilung kommt von außerhalb
Schamanismus und Familien-Stellen
Mit einem Geleitwort von Bert Hellinger

Eva Madelung
Trotz und Treue
Zweierlei Wirklichkeit in Familien

196 Seiten, Kt, 2001
ISBN 3-89670-213-0

169 Seiten, Kt, 1998
ISBN 3-89670-106-1

Dieses Buch entstand aus der gemeinsamen Auseinandersetzung des Autors und Bert Hellingers über die Beziehung zwischen Schamanismus und Familien-Stellen. Es beschreibt die Dynamik und Wirkungsweise der systemischen Arbeit Bert Hellingers aus dem Blickwinkel des traditionellen Schamanismus.

Van Kampenhout arbeitet die spirituellen Prinzipien heraus, die sowohl dem Schamanismus als auch dem Familien-Stellen zugrunde liegen. Seine theoretischen Untersuchungen macht er an Beispielen aus Aufstellungen, an persönlichen Erfahrungen mit traditionellen Ritualen und Berichten von Medizinern und Schamanen konkret.

Rituale und Übungen, die die heilende Wirkung der Aufstellungsarbeit verstärken können, runden das Buch ab.

Trotz als „Auflehnung um den Preis der Selbstzerstörung" ist ein spezifisch menschliches Verhalten. Es gibt den Trotz gegen die Eltern oder sonstige Autoritäten, der zur Ablösungsphase gehört, aber auch den Trotz gegen das Leben.

Eva Madelung stellt anhand von literarischen Beispielen und kurzen Fallbeschreibungen aus dem Alltag die destruktiven Seiten dieses Verhaltens, aber vor allem die kreativen Möglichkeiten einer neuen Lebensgestaltung dar. Sie verbindet dabei konstruktivistisch-systemische Ansätze mit den Möglichkeiten der Familienaufstellungen nach Bert Hellinger, macht die „Verstrickungen" in den doppelt gebundenen Situationen deutlich und eröffnet daraus Lösungsmöglichkeiten.

www.carl-auer.de